U0637926

让我们 一起 追寻

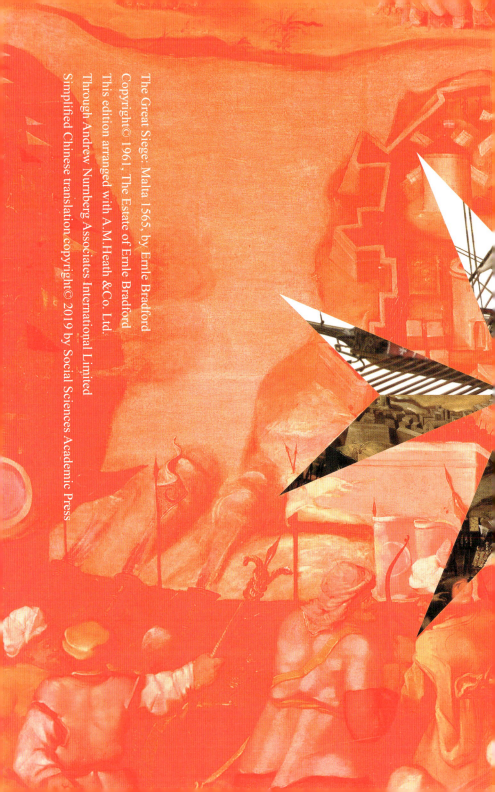

The Great Siege: Malta 1565, by Ernle Bradford

Copyright© 1961, The Estate of Ernle Bradford

This edition arranged with A.M.Heath &Co. Ltd.

Through Andrew Nurnberg Associates International Limited

Simplified Chinese translation copyright© 2019 by Social Sciences Academic Press

大围攻：马耳他 1565

THE GREAT SIEGE: Malta 1565

〔英〕厄恩利·布拉德福德

（Ernle Bradford）著

谭琦 译

社会科学文献出版社

SOCIAL SCIENCES ACADEMIC PRESS (CHINA)

目 录

前 言 ·· 001

第 1 章 奥斯曼帝国的苏丹 ····························· 001

第 2 章 骑士团的马耳他 ······························· 008

第 3 章 大团长拉·瓦莱特 ···························· 019

第 4 章 马耳他岛的防御 ······························· 027

第 5 章 备战 ·· 033

第 6 章 入侵迫在眉睫 ·································· 042

第 7 章 攻击开始 ·· 048

第 8 章 第一次较量 ······································ 053

第 9 章 目标：圣艾尔摩堡 ···························· 061

第 10 章 近卫军 ··· 070

第 11 章 图尔古特驾到 ·································· 078

第 12 章 "爆发中的火山……" ················ 085

第 13 章 死刑判决 ·· 093

第 14 章 圣艾尔摩堡，6 月 8 日 ················· 101

第 15 章 危机四伏的城堡 ····························· 107

第 16 章 骑士团的领土 ·································· 117

第 17 章 圣艾尔摩堡陷落 ····························· 121

第 18 章 水中的尸体 ···································· 130

第 19 章　小小的援军 …………………………………… 135

第 20 章　进攻森格莱阿 …………………………………… 142

第 21 章　武器和士兵 ……………………………………… 153

第 22 章　死神降临马尔萨 ………………………………… 158

第 23 章　伟大的决定 ……………………………………… 167

第 24 章　冲入缺口 ………………………………………… 173

第 25 章　"世界末日来临……" ………………………… 180

第 26 章　绝不后退 ………………………………………… 186

第 27 章　西西里的意见分歧 ……………………………… 191

第 28 章　援军 ……………………………………………… 199

第 29 章　最后一战 ………………………………………… 204

第 30 章　"我们永远无法征服你" ……………………… 213

第 31 章　坚不可摧的堡垒 ………………………………… 218

参考书目 …………………………………………………… 225

注　释 ……………………………………………………… 228

词汇表 ……………………………………………………… 245

前　言

　　我第一次到马耳他是在 1942 年，这个小岛正经受着其历史上的第二次大围攻。当时我是一名海军军官，是一艘驱逐舰的领航员，因军务倥偬而无暇顾及这个岛的过去，以及发生在此次围攻近四个世纪前的大围攻。在 1943 年进攻西西里岛的作战行动中，我重访了马耳他。正是在那个时候，我目睹这个岛完成了苏莱曼大帝（Suleiman the Magnificent）于 1565 年设想并赋予它的使命。从马耳他出发，盟军席卷并攻取了西西里岛和意大利本土。

　　我在 1951 年又回到了马耳他，这一次是乘着我自己的小游艇故地重游。因而我有闲暇来了解马耳他的历史和它经受的第一次大围攻了。对我来说十分幸运的是，皇家海军优异服务十字勋章的获得者约翰·托西尔（John Tothill）上尉当时是圣安杰洛堡（Fort St Angelo）的指挥官。多亏了他的善意，我才被允许停舟于城堡后方的小港湾中。我在这片狭长的水域待了五个月，这里曾经是将圣安杰洛堡与比尔古隔离开来的护城河。骑士团的加莱船①在大围攻期间的停泊之处就是这里。

　　在这段时间里，我逐渐熟悉了该堡垒的各种细节：它的棱堡、礼拜堂和议事厅，以及它下方长长的地道和洞穴——从前

---

　　①　原文中"galley"一词既可指狭义的加莱战船，又可指广义的桨帆船，根据上下文语境这两种释义都予以采用。（本书脚注均为译者注，后文不再专门说明。）

的桨帆船奴隶们就被关押在那里。我在如今被称为维托里奥萨（Vittoriosa）——意思是"胜利之城"——的城市的狭窄街道和小巷里进行日常采购，但对马耳他人来说此地仍然叫"比尔古"（Birgu），几个世纪以来一直如此。我参观了 1565 年大围攻涉及的所有地点。有些时候在我看来，那场围攻比起几年前发生的第二次大围攻更真实，甚至更生动。

自从那时起，我反复拜访马耳他，一年四季皆有踏足。我在岛上的好几个地方居住过，并且围着这个小岛航行了好几圈。我开始慢慢了解并尊重这里的人民。如果没有他们的善意和慷慨相助，完成此书即便有可能，也将会是件很困难的事。

马耳他大围攻是地中海历史甚至西方世界中的决定性事件之一。"没有比马耳他围攻战更广为人知的大事。"伏尔泰如此评论道。然而事实上，关于这一主题很少有用英语写就的作品，尽管这个岛早在 1814 年就被确认为大不列颠的领地。英语世界的历史学家对这一主题兴趣寥寥的原因可能要归咎于圣约翰骑士团的英格兰语区（English Langue）① 在发生围城战的数年之前就已解散。当然，以法语、意大利语和西班牙语写就的参考书籍浩如烟海。我在本书的末尾列出了我引用的主要史料。我绝不会假装这是一份已经近乎完整的参考书目。已故的大英帝国勋章获得者 H. E. 巴尔比（H. E. Balbi）少校在他去世前仍在为这一主题的完整参考书目收集材料。其他研究者或学生将继承其遗志继续其未竟的工作。

在最近的一段时间里，马耳他及其光彩夺目的历史或多或少地为人们所忽视——可能是因为这个岛的名字早已自动与一

---

① Langue 一词译者遵循马千老师在其著作《医院骑士团全史》（台海出版社，2018 年版）的译法，译为"语区"。

个海军军事基地关联起来。值得注意的是，仅仅是在最近十年，岛上的建筑才首次向公众全面开放：在很多方面这些建筑要比不少广受宣传、更为知名的地中海岛屿上的建筑更值得关注。

希望马耳他能抵挡住最后一次围攻。随着其当前身份的变换——从一座曾经被要塞化的城堡，到一个安居乐业的国度——可能会有很多历史学家、学生和艺术爱好者慕名前来拜访这个不同凡响的小岛。马耳他，正如旅行家帕特里克·布赖登于 1773 年写给威廉·贝克福德的信中所说的，是"整个欧洲的缩影"。

马耳他语是一种很难阅读的语言，因此我在拼写上没有做到合乎逻辑。例如，我采用了 Marsasirocco（意大利语）来指代马耳他岛南部的主要大港马尔萨什洛克，而不是 Marsaxlokk。同样，我使用了 Marsamuscetto 指代瓦莱塔（Valletta）北面的大港马萨姆谢特，而不是 Marsamxett。

实际上，马耳他语在从 19 世纪起采用罗马字母之前一直没有形成书面语言，也没有词典。这种语言起源于闪米特语系，可能是由腓尼基语演化而来，本身无法轻易地套用罗马字母的体系。我在全文中始终都用马耳他语中的"Mdina"称呼马耳他的古都姆迪纳，而不是诺塔比莱堡（Città Notabile，骑士团的称呼）。姆迪纳这个名字毫无疑问出自阿拉伯语——Medine 或者 El-Medina（"城市"的意思）。我将大港湾的第二个主要海岬称为森格莱阿（Senglea），而不是伊斯拉（L'Isla）——马耳他人一直如此称呼。森格莱阿村是由大团长克劳德·德·拉·森格莱尔（Claud de la Sengle，1553～1557 年在位）建造的。另外，当某些地名不存在英语或意大利语的对应地名时，我采用了现代马耳他语的拼写来指代它们，比如艾因图菲哈（Ghain

Tuffieha，其中的"Gh"不发音），字面翻译过来就是"苹果泉"。

在我创作本书的这些年里，很多个人和组织给予了我不计其数的帮助与鼓励，我想在此向他们表达谢意：Hannibal Scicluna 爵士，大英帝国勋章获得者，他在 1951 年首次允许我查阅他的独家藏书馆；马耳他政府的旅游管理局，以及公共建设部部长；尊敬的 L. Galea 博士，大英帝国勋章获得者，王室法律顾问，他在我研究的早期阶段慷慨相助。我还要特别感谢 Vincent DePasquale 博士，马耳他皇家图书馆的馆员，感谢他在很长一段时间里给我的善意和帮助，还有 Joseph Galea 先生和 E. R. Leopardi 先生。我欠了 Joseph Spiteri 博士无数人情，他在与我的多次交谈中从马耳他的习俗、传说、民俗和语言等方面给了我很大启发。我还要深深感谢马耳他守军图书馆和英国文化教育协会图书馆的馆员。

谨以此书纪念我的父亲，乔斯林·厄恩利·西德尼·帕顿·布拉德福德，大英帝国勋章获得者，军功十字勋章获得者。

厄恩利·布拉德福德

圣保罗湾，马耳他

1961 年 4 月 16 日

他们在城堡外大声呼喊；座座堡垒间回荡着应答声。"金城马耳他，银城马耳他，稀世玄铁铸就的马耳他。马耳他，我们永远无法征服你，即使你薄脆如南瓜，即使保护你的只有一层洋葱皮。"

"——正是我摧毁了土耳其舰队，还有那所有来自君士坦丁堡和加拉太的勇士。"

休伯特·佩尔诺（Hubert Pernot）译自
一首 16 世纪的塞浦路斯民谣

第 1 章　奥斯曼帝国的苏丹

苏莱曼的头衔犹如鼓声阵阵，在议事堂大厅回荡：

奥斯曼之苏丹，安拉于人间之代表，众君之君，万民生死之主宰，信徒与异教徒之共主，王中之王，东方与西方之帝，伟大权威之帝，极乐星座之领主，庄严之皇帝，胜利之印，世间百姓之庇护，全能者在大地之影。

公卿大臣、水陆将帅在他脚下匍匐，旋即退下。1564 年，土耳其苏丹苏莱曼一世已年届 70，却仍下定决心，于来年春天进攻马耳他岛。

此时的情景与他 26 岁那年初登大宝，继承父皇谢利姆（Selim）时的大有不同。他在国内被称为"立法者"（The Lawgiver），在欧洲则被称为苏莱曼大帝，这些称号对他而言可谓实至名归。他改革了土耳其的政府管理机构，使土耳其成为世界上军事实力最为强大的国家。他是无人比肩的政治家，同时还凭借自己的才能成了一名诗人。

如果土耳其人出于上述原因将他称为"立法者"，那么欧洲人也有充分理由把受人尊敬的头衔"大帝"（The Magnificent）让予他。单是他那开辟疆土的功绩就足以证明他获得这一称号可谓受之无愧；毕竟相比立法者，欧洲人对于征服者总是更为敬仰。在他的统治时期内，苏莱曼扩张了领土，亚丁（Aden）、阿尔及尔（Algiers）、巴格达（Baghdad）、贝尔格莱德（Belgrade）、布达佩斯（Budapest）、纳希切万（Nakshivan）①、罗德岛（Rhodes）、埃里温（Rivan）②、大不里士（Tabriz）和腾斯法（Temesvar）③ 都被纳入奥斯曼帝国版图。在他治下，奥斯曼帝国达到了其荣耀的顶峰。他麾下的舰队横扫大西洋至印度洋之间的广阔海面，他的王土从奥地利延伸到波斯湾，直达阿拉伯海之滨。只有到了 1529 年维也纳的城墙之下，他的军队才无功而返。

古稀之际的苏丹已经历了无数次荡气回肠的大捷，人们以为他可能会悠然自得地坐看金角湾岁月流逝。但对苏莱曼来说，他的暮年只剩下了对权力的渴望，以及扩张的雄心。即使他自己已不再有雄心壮志，他周围的人也不会让他歇息。

"只要马耳他仍在骑士团的手中，"他的一位谋臣写道，"君士坦丁堡④至的黎波里（Tripoli）的每一艘运粮船都有被劫走或者被摧毁的危险……""这一块被诅咒的岩石，"另外一位谋臣写道，"像一道横亘在我们与您的众多领土之间的屏障。如果您仍未决定将其趁早拿下，须臾之间它就会切断亚非之间以及爱琴海诸岛间的所有交通线。"

四十二年前，正值苏莱曼春秋鼎盛之时，他率领一支庞大的陆海联军将圣约翰骑士团驱赶出罗德岛的要塞。彼时，他对骑士团持有一种虽然厌憎但依旧敬佩的情感。他曾当着一群谋臣的面说："当我强迫一名基督徒在一把年纪的时候离家远去时，内心不无痛楚。"这是他在看到 70 岁的大团长，维利耶·德·利勒·亚当（Villiers de l'Isle Adam）准备与其他骑士一同

---

① 阿塞拜疆古城。

② 也写作 Erevan 或 Yerevan，今亚美尼亚首都。

③ 今罗马尼亚第三大城市蒂米什瓦拉（Timişoara）。

④ 奥斯曼帝国首都为伊斯坦布尔，但是在原文中作者仍称之为 Constantinople（君士坦丁堡）。

登船离开被攻占的岛时，油然而生的伤感之情。现在，当他自己到了相同岁数时，苏丹已很少再被骑士精神打动，而更多的是被复仇的欲望驱使。

比起罗德岛，马耳他岛这一大块砂岩更让人不胜烦恼。罗德岛距离土耳其海岸线如此之近，以至于骑士团在盘踞岛上的最后几年里，几乎无法进行有效的出击。骑士团船只的活动消息很快就能传到苏丹属下的军舰舰长和商船船长那里。然而，即便如此，骑士们仍然设法洗劫了黎凡特（Levant）的贸易线，并且干扰了亚历山大港（Alexandria）与君士坦丁堡之间的海运。他们在马耳他则更肆无忌惮，因为马耳他距离君士坦丁堡路程遥远，土耳其人打探骑士团的行动殊为不易。更有甚者，这个岛位于地中海的中心，东西方贸易路线尽在其掌握之中。所有穿越西西里、马耳他和北非之间海峡的船只都要仰马耳他舰队的鼻息。骑士们很少让机会从指缝间溜走。

对于一个拓土千里的帝国统治者而言，占有一座贫瘠的岛似乎微不足道。阿谀奉承对他有如家常便饭，"东方和西方的征服者"这一称号也已让他厌倦，因此他对这座岛和岛上的骑士所带来的烦恼并不以为意。

但看来骑士团就如牛虻一般，一心要激起雄狮的愤怒。苏莱曼可以对其谋臣的建议不置可否，但他不会轻易忽视海盗王图尔古特（Dragut）——那个时代里最伟大的穆斯林水手——的建言。

图尔古特虽是一名海盗，却是土耳其宫廷的盟友，近些年来一直对苏丹称臣纳贡，小心侍奉。他就像苏莱曼本人一样，既是一位斗士，也是一位机会主义者。比起苏丹自己的海军司令皮雅利（Piali），图尔古特可能更受苏莱曼器重。当图尔古特说"在把毒蛇熏出巢穴之前，您将一无所成"时，苏丹在认真聆听。

新近发生的事件证明图尔古特所言非虚。当西班牙国王腓力二世武装起一支舰队袭取戈梅拉港（port of Peñon de la Gomera）时，马耳他骑士团以其船队助他一臂之力，并且凭借他们的经验、航海技艺以及军事能力进一步扩大了西班牙军队的优势。戈梅拉港坐落在北非海岸，位于马拉加的正南方，自古以来就是活跃于巴巴里海岸的海盗们钟爱的港口和锚地。基督徒夺取戈梅拉港在给穆斯林造成经济损失的同时，也沉重打击了穆斯林的自尊。骑士们还成功地袭击了希腊海岸线上一座属于苏丹的港口。在马耳他之南，他们又俘获了不少土耳其商人。有人提醒苏莱曼道："马耳他岛上挤满了奴隶和忠实的信徒，其间不乏出身高贵的男女等待被赎回，其中有受人尊敬的亚历山大港总督，以及您的女儿米赫里马赫的老奶妈。"

苏丹的女儿米赫里马赫（Mihrmah）是力主进攻马耳他的鼓动者之一。她的母亲就是具有俄罗斯血统的罗克塞拉娜（Roxellane），苏丹最为宠爱的妃子。米赫里马赫不遗余力地提醒着苏莱曼，是时候与骑士团算总账了。

被骑士团捕获的一艘大商船属于库斯特尔阿迦（Kustir-Aga），苏丹宫廷的太监总管。这一挑衅让人忍无可忍，米赫里马赫和后宫的其他成员加大了呼吁力度。根据同时代西班牙作家弗朗西斯科·巴尔比（Francisco Balbi）的估算，这艘船的货物价值高达 8 万杜卡特。三艘马耳他桨帆船在桑特岛（Zante）[①]和凯法洛尼亚岛（Cephallonia）[②]之间俘获了它，而率领这支马耳他舰队的正是圣约翰骑士团最伟大的水手——罗姆加骑士。这艘大商船满载着价值连城的奢侈品和其他货物由威尼斯前往

---

① 伊奥尼亚群岛中的一座岛，现属希腊。
② 伊奥尼亚群岛中最大的一座岛，现属希腊。

君士坦丁堡，而且根据当时的做法，帝国后宫的主要女眷都能从中分得一杯羹。然而，这艘船被俘虏了不说，还完好无损地连同其货物被拖回了马耳他，此举让苏丹的宠臣颜面扫地。库斯特尔阿迦作为太监总管、帝国后宫中手握权柄的要人，不可能放过任何机会向他的主子倾诉，骑士团的劫掠是多么猖獗。

后宫女眷们在苏丹座前跪拜不起，哭求报复。大清真寺的伊玛目为廷臣所请，也不失时机地向苏莱曼陈情，提醒他忠诚的信徒正在骑士团的地牢里饱受煎熬。劫掠帝国运输船的桨帆船里，穆斯林在鞭笞的胁迫下，像狗一样被驱使划桨。

"只有陛下的无敌之剑，"伊玛目宣称，"方可斩断这些不幸之人身上的锁链。他们的哭声直达天园，让先知坐卧不宁。儿子企盼着父亲，妻子渴念着丈夫和孩子们。所有人都在期待您能为他们主持正义，向穆斯林的不共戴天之敌报仇雪恨！"

即便有所触动，苏丹也不可能完全被报仇的呼声左右，他的老成持重和雄才大略在诸多国务会议和沙场鏖兵中得到了证明。马耳他虽是弹丸之地，但正如苏丹所见，这是地中海之关键所在。在马耳他水域广阔的良港内，他的舰队可以自由进出，进而征服西西里和意大利南部。马耳他岛虽小，却可以其为支点将整个地中海变为土耳其内湖。他可以由此攻向后世某位战争领袖所言及的"欧洲柔软的下腹部"。骑士团俘获库斯特尔阿迦的商船，以及对商业船只和沿海港口的无耻攻击，只能算是附加因素，无关苏莱曼的宏图大业。

苏莱曼清楚地意识到圣约翰骑士团迥异于其他基督徒。他们将生死置之度外，永无休止地与苏丹本人信仰的宗教作战到底，对抗土耳其作为伊斯兰世界的领袖所代表的一切。他曾与骑士团在罗德岛交手，并深知骑士们与他手下的近卫军战士一样乐于在战斗中慷慨赴死。他对骑士团成员作为水手与海盗的声名了若指掌，因为他曾亲自询问了自己手下与骑士团搏斗过的船长们。

"他们的船与别的船不一样，"船长们向他报告道，"他们经常在船上搭载着大量的火绳枪兵以及甘愿死战到底的骑士。当他们攻击我们的船只时，要么将我们击沉，要么将我们捕获，无一例外。"苏莱曼的船长们描述得并不准确，因为骑士团自己的记录里显示有很多时候骑士团攻击土耳其船只的尝试没有成功。尽管如此，在战斗技巧、航海技术和作战能力上，地中海范围内基本上没有哪艘船能够一对一胜过由马耳他骑士指挥的桨帆船。苏莱曼对骑士们的高超技能知根知底，且与自己的对手惺惺相惜。即使作为一位老者，老谋深算的他也绝不会单单为了自尊或声誉就决定进攻骑士团的岛屿。

在1564年10月由苏莱曼主持的一次国务会议上，马耳他的问题被提了出来，对这个岛的围攻成了激辩的中心话题。并不是所有出席者都赞成这个提案。一些与会者设想帝国越过匈牙利继续扩张的可能性，并且力促在欧洲发起一次大规模军事行动。其他人力主直捣劲敌基督徒的老巢，并在西班牙海岸发起攻击。另外一些人则再次鼓动夺取西西里。有人向苏莱曼提及马耳他的贫瘠和无足轻重。"很多战役难乎其难，"他们说道，"但是陛下王钺一挥，胜利便如探囊取物。比起这些战役，兵微将寡、防御不善的弹丸小岛又算得了什么呢。"

正是苏莱曼本人指出了马耳他是通向西西里，乃至意大利和南欧的跳板。他想象着有朝一日，"大领主，或是他的代理人，整个地中海的主宰者，作为天下共主，从那个也不是很招人厌憎的石头岛上发号施令，俯视他那停泊在良港的舰队"。舰队司令皮雅利，以及陆军帕夏穆斯塔法（Mustapha），迅速领悟了苏丹攻占马耳他计划背后的战略意图。在国务会议结束时，苏丹已做出了来年春天进攻马耳他的决定。

法令颁布下去，整个奥斯曼帝国的力量被动员起来，"这个建立于不停扩张征服之上的超级军事机器"即将剑指马耳他，杀向圣约翰骑士团。苏丹本人扬言道："这群刍狗之子本于四十年前在罗德岛就已被我征服，仅凭我的仁慈才免于一死。现在我宣布，由于他们不断的袭扰和无礼，他们终将被粉碎和摧毁！"

第 2 章　骑士团的马耳他

马耳他群岛主要由两个小岛组成：马耳他岛与戈佐岛（Gozo）。马耳他岛是两个岛中较大的一个，18 英里长、9 英里宽，而戈佐岛不到 8 英里长、4 英里宽。这两个岛位于一条西北 - 东南走向的轴线上，被一道狭窄的海峡分隔开，海峡内坐落着小岛科米诺（Comino）。群岛的其他两个成员是科米诺托岛（Cominotto）——临近科米诺岛的一个小岩石岛，以及离马耳他岛数英里远的菲尔夫拉岛（Filfla）——另外一个突出海面的岩石岛。马耳他群岛位于西西里岛以南五十英里处，扼守着东西方海路运输的必经之路。从直布罗陀到马耳他群岛的距离，与马耳他群岛到塞浦路斯（Cyprus）的距离大致相等。

这些岛在 1530 年由神圣罗马帝国皇帝西班牙的查理五世（Charles Ⅴ）赠予圣约翰骑士团，"以便他们能够安宁地执行其宗教义务，保护基督教社区的利益，凭借其力量与武器打击神圣信仰的敌人"。从表面上看这一大礼可谓恰逢其时，因为骑士团自 8 年前被驱逐出罗德岛后一直居无定所。每年向西西里总督进贡一只猎鹰，以及保证不得与自己的西班牙王国开战便是查理五世所要求的全部回报。

查理五世本质上并不如此慷慨。当看到这一纸诏书附带着马耳他群岛以及位于北非的的黎波里港口的"礼物"时，年迈的大团长维利耶·德·利勒·亚当没准在嘀咕着"当心希腊人的礼物"①。的黎波里是基督徒的前哨站，位于臭名昭著的巴巴里海岸线上，周围环绕着充满敌意的伊斯兰国家，查理五世拿来做个人情可谓是容易之至。利勒·亚当对是否接受皇帝诏令的犹豫不决也情有可原。当被他派往马耳他群岛调查情况的委员会发回的报告摆在他面前时，他的迟疑又加深了。

"马耳他岛，"报告里写道，"布满柔软的砂岩（也叫作石灰岩），总长 6～7 里格，宽 3～4 里格。岛上仅覆盖着一层 3～4 英尺厚的土壤，乱石密布，不适合种植谷物及其他粮食作物。"但是，委员会也承认"岛上出产大量的无花果、甜瓜以及其他不同种类的水果；当地居民用来换取粮食的主要交易物包括蜂蜜、棉花和枯茗（俗称孜然）。不过，除了中部几口泉眼之外，全岛再无活水甚至水井，岛民不得不自建蓄水池用于弥补水源不足……"

与土地肥沃而又富饶多产的罗德岛（地中海上最宜居的岛屿之一）不同，马耳他岛对于骑士团调查委员会而言无疑是一种打击。他们报告说，木材在马耳他岛和戈佐岛是如此奇缺以至于要按磅售卖。牛粪和野蓟被用作做饭的燃料。马耳他岛的首府在马耳他语里叫姆迪纳，或在西班牙语里叫诺塔比莱堡，坐落于岛中部的高地上，城中大部分房屋无人居住。岛的西部没有港口或海湾，海岸遍布岩石和沙洲。然而在东部有许多小海湾和入口可供利用，还有两座深水良港，足以容纳世上最大的舰队。不幸的是，其防护措施极为不足。一座名为圣安杰洛的小城堡拱卫着最大的港湾，但仅装备了三门小型火炮以及几门臼炮。

---

①　原文为拉丁语 *Timeo Danaos et dona ferentes*，出自诗人维吉尔的《埃涅阿斯纪》，指"特洛伊木马屠城"的典故。

图 1 马耳他群岛，标示有 1565 年围城战期间的主要地点

骑士们肯定在报告发回之前就知道马耳他岛上的两座良港，因为好几个世纪以来欧洲各国的舰队就一直在使用它们。实际上，就是这两座良港在促使大团长决定接受查理五世的礼物一事中起了决定作用。圣约翰骑士团当时赖以谋生的手段可被称为"组织化的海盗行为"，而一座良港对于骑士团至关重要。除了西西里岛上的锡拉库萨（Syracuse）和意大利南部的塔兰托（Taranto），尚无其他良港可比肩马耳他岛上的这两座。

除了两座良港令人交口称赞，委员会发现没有一件事让人省心。马耳他岛上大约有 12000 名居民，大多数是贫苦农民，讲一种阿拉伯语方言。到了夏季岛上又酷热难当。戈佐岛倒是更加林木茂盛地产丰饶一些，但根本没有港口。这座较小的岛上有大约

5000 名居民，大多数人居住在原始的村落里。小岛最高点只有一座简陋的城堡，一旦发生海盗袭击，当地人即撤往此处。按照委员会的说法，马耳他群岛的居民对每年频繁光顾的穆斯林海盗已是司空见惯，而所有被海盗抓到的马耳他人都会被卖为奴隶。

如果不是骑士团在迫切地寻求新的家园，德·利勒·亚当肯定会婉拒皇帝的礼物。然而，在长达七年多的时间里，他一直周旋在欧洲各个宫廷之间寻求援助。米诺卡岛（Minorca）①、伊维萨岛（Ibiza）②、伊斯基亚岛（Ischia）③——数不清的岛和港口作为骑士团的备选驻地被纳入欧洲君主的考虑范围之内。由于种种原因，所有这些富饶多产的岛都被认定不适合骑士团。

事实上，尽管其高超的作战技艺广受尊重，骑士团本身却不受欢迎。它的骑士成员从欧洲各国招募而来，直接对教皇宣誓效忠，故而无需对其本国保持忠诚。当然，骑士们要遵守不得与基督徒自相残杀的规定，只能与穆斯林敌人作战。

在 16 世纪，民族主义已成为欧洲事务的主导力量，骑士团这样的跨国基督教教团组织或多或少地受到了猜忌——骑士团的富可敌国及其成员非比寻常的影响力变得众所周知，这一点更是让骑士团的形势雪上加霜。然而，在寻找家园的难处之外，德·利勒明白将被驱离罗德岛的骑士团凝聚在一起已颇为不易。如果再这样漂泊多年居无定所，恐怕骑士团就分崩离析了。所以无论委员会的判断究竟如何，他已经意识到要么就是马耳他岛和戈佐岛，顺带着的黎波里，要么就是一无所有。

1530 年秋，耶路撒冷圣约翰骑士团乘船从西西里启程，穿

---

① 地中海西部巴利阿里群岛的第二大岛，现属西班牙。
② 地中海西部巴利阿里群岛中的一座小岛，现属西班牙。
③ 第勒尼安海上的岛，位于那不勒斯湾西北部，现属意大利。

过马耳他海峡，在新家定居下来。在住过素有"地中海花园"美誉的罗德岛之后，骑士们发现马耳他岛是如此不受欢迎，就如他们自己也不受此岛的旧主待见一样。马耳他农民对于谁是自己的主子可能并不在乎。农民们的生活本就已经不堪重负，穆斯林海盗的野蛮略袭更是火上浇油。然而，岛上的贵族阶层，伊瓜纳斯家族（the Inguanez）、马杜卡斯家族（the Manducas）、希贝拉斯家族（the Sciberras）以及其他家族，不是西西里和阿拉贡大户的直系就是旁支，对于新来者的态度绝非欣然接受。

吉本所说的"骑士身为上帝之仆，耻于偷生而乐于效死"并不完全错误。到了 16 世纪中叶，这一军事化教团日益变得与时代格格不入。诚然，骑士们在马耳他大围攻的时候达到了他们的巅峰，但事实上，这一场胜利只是（本质上同样如此）骑士团落叶飘零前的回光返照罢了。一位马耳他历史学家——毫无疑问受自身偏见的影响——对圣约翰骑士团登上这个群岛的时刻做了以下记述：

> 当骑士们来到马耳他岛的时候，他们所固有的宗教内核已经衰败没落了。他们的禁欲誓言经常被认为只是形式上的，而且他们之所以引人注目只是由于他们举止傲慢且物欲熏心。另外，马耳他人早已习惯被当作自由民对待，故而对于自身的政治自由被让给骑士团这一点愤恨不已……所以，说马耳他人与他们的新统治者之间毫无情谊也并不奇怪。

当地贵族别无选择，只能接受皇帝罔顾 1428 年协议而将马耳他岛的自治权让渡给骄傲自大的新来者的现实。他们遁入位于姆迪纳老城的自家宅邸并尽可能地与骑士们不相往来。让他们既惊诧不已又正中下怀的是，他们发现骑士团并无进驻首府的意图。骑士团的主要营生在海上，之所以接受马耳他岛正是由于其优良的海港，因此更愿意驻扎在一个叫比尔古的小渔村里，这个小渔村位于如今大港湾（Grand Harbour）的入口处。骑士们开始修复和扩建这里的防御工事，在狭窄的街道里兴建他们自己的会馆（Auberge）①。骑士团在罗德岛上历经两个世纪发展出自己的一套岛屿生活规划和模式。现在，出于保守传统的思维定式，他们开始在马耳他岛上复制罗德岛的模式。

这些全副武装、满腔热忱的人，如同异星访客般划过马耳他岛和罗德岛的历史天空。他们是十字军运动中衍生出的三大骑士团里硕果仅存的一支。三大骑士团中最有权势的一支，圣殿骑士团（the Templars）已于 14 世纪早期遭到镇压。另外一支，条顿骑士团（the Teutonic order），始终未能从 1410 年坦能堡（Tannenberg）大败中恢复元气。只有耶路撒冷圣约翰骑士团延续下来，生存在 16 世纪文艺复兴时期的欧洲，并保留了强盛时期的十字军的热诚与激情。该骑士团起源于一家专为朝圣者而设，献给施洗者约翰（St John the Baptist）的本笃会（Benedictine）医院，医院于 11 世纪在耶路撒冷建立。1113 年，为了感激这所医院为十字军做出的服务，教皇帕斯加尔二世（Paschal Ⅱ）将骑士团及其财产纳入教皇保护之下。迥异于圣

---

① Auberge 通常被称作"客栈"，但实际上，骑士团的行政组织被划分为八大语言区，每个语言区都有自己的会馆，它不仅仅是相关语言区成员的"招待所"，也是他们议事、社交的中心。参见马千著《医院骑士团全史》第358 页。

殿骑士团——一个致力于与穆斯林作战的纯军事组织，圣约翰骑士团首先是一个救死扶伤的兄弟会。

兴建、布置与改善医院，精研医术和培训医师是骑士团的首要动机。除了位于耶路撒冷的主院之外，他们还在欧洲许多城市设有分院，分院都坐落于朝圣者去往巴勒斯坦的道路上。骑士团的部分职能也包括保护朝圣者的安全。这就不可避免地导致了其军事系统的出现，尤其是在蠢蠢欲动的萨拉森人（Saracens）① 以及随后的土耳其人让朝圣者往来耶路撒冷和其他圣地的道路变得艰辛凶险以后。然而即使在 16 世纪，历任土耳其苏丹的好战政策迫使军事组织成为骑士团的主导力量时，骑士团仍然保持着其原始职责。骑士团在抵达马耳他之后的第一批行动中有一项就是兴建一所医院。

1291 年，在巴勒斯坦的最后一座基督教堡垒陷落之后，圣约翰骑士团先是迁往塞浦路斯，随后在 1310 年转移到罗德岛。两个多世纪以来，直至 1522 年苏莱曼发起大围攻将他们赶出罗德岛，骑士团的自身特性发生了演变。早期的"医师为首战士次之"，已转变为"水手为先医师次之"。在罗德岛，骑士们成为地中海最好的水手，有如一支刺向土耳其海岸的矛。当他们无法在陆地上与敌手一争高下时，便摇身一变成为信仰基督教的海盗。

也是在罗德岛，骑士团完善了自身的组织形式，并将之原封不动地带到了马耳他岛。骑士团是一个欧洲所有民族的混合体——一个由基督教武士，也就是"世间最杰出的宗教武士"组成的外籍军团。他们的八角形十字架（由于与马耳他岛的历史关联现已被称作

---

① 萨拉森人在广义上指中世纪信仰伊斯兰教的阿拉伯人。

马耳他十字架）象征着真福八端（Eight Beatitudes）①，四个 V 字象征着四种美德——宽容、节制、勇敢和正义。

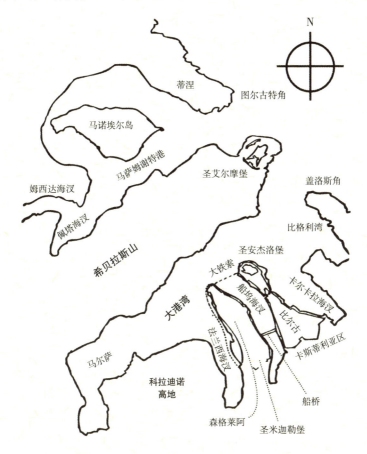

图 2　大港湾，马萨姆谢特湾，以及马耳他岛在 1565 年的防御状况

---

① "真福八端"或"天国八福气"，意指八种福气，传言是耶稣早期传福音时的宣道，包含在被信徒称为"登山宝训"的内容当中，分别为：1. 虚心的人得天国；2. 哀恸的人得安慰；3. 温柔的人承受土地；4. 饥渴的人得饱足；5. 怜恤人的人蒙怜恤；6. 清心的得见神；7. 使人和睦为神的儿子；8. 为义受逼迫的人得天国。

　　这个独一无二的组织可分为五个不同的类别，然而所有人，无论战士或修士，都团结在严守贞洁和遵从教规的誓言之下。首先是军事骑士（Military Knights），或叫公义骑士（Knights of Justice）。正是这个团体从某种意义上来说主宰着整个骑士团，以盛气凌人的贵族气质让马耳他本土贵族生厌。公义骑士是欧洲的名门贵胄，他们在加入骑士团之前需证明自己的贵族出身之纯正，并提供父系和母系向上至少四代的身份证明。这些证明的必要性无人置疑，这一点在瓦莱塔的骑士团档案里也有案可查。无论一个候选人的家族有多么权势显赫或者富甲一方，只要他有一丝一毫的私生关系（对此在早期是零容忍），或是可疑的平民血统，都不可能通过大团长和议事会的严格盘查。他们负责调查所有候选人的入团申请。在入团后的第一年，年轻的骑士们即加入所谓的"修道会"（Convent）进行军事服役。在骑士团入驻马耳他时期，这种军事服役意味着在舰队里担任军官。一个整年的军事服役义务叫作一个"实习期"（Caravan），经过三年的实习期后，该骑士还要在修道会住上至少两年，然后才有资格被提拔到各行政划分——行政区（Bailywick）、采邑（Commandery）和修道区（Priory）——中更高的职位。并不是所有的骑士在完成骑士团的义务之后都要留在修道会里。有很多人返回了他们在欧洲的庄园并在当地履行义务。当骑士团面临迫在眉睫的危险时刻，大团长有权召集这些骑士返回总部。如果在这种时刻未能报到则意味着被骑士团除名，当事人在社会关系和宗教声誉上都会因此蒙羞。

　　骑士团的第二个分支由修道院修士（Conventual Chaplain），或者虔诚教士（Chaplain of Obedience）组成，这一阶层并无出身限制。尽管同样要经受实习期的考核，他们实际上在医院和修道院工作。当然他们所有人都是神职人员，有资格升任分部领导人甚至骑士团主教。

第三类是服役的军士，也没有贵族出身的入门要求，仅"受人敬仰"即可。他们的服役纯粹是军事性质的。第四类和第五类分别是地方骑士（Magistral Knight）和恩典骑士（Knights of Grace），他们都是大团长任命的荣誉性骑士。

骑士团的最高层是神圣议会（Sacro Consiglio），也叫最高议事会（Supreme Council），由大团长主持。大团长本人也是一名骑士，历经多年服役，在骑士团各主要职位逐步晋升，并由他的同袍自由选出。最高议事会由骑士团主教、教士、各大语言区的"皮利耶"（Pilier）① 或行政官、各分部修道长（Prior）、修道院管理人（Conventual Bailiff），以及大十字勋章骑士（Knights Grand Cross）组成。

最高议事会云集了骑士团世俗与教务上的杰出之士，他们足智多谋，经验老到。副书记长（Vice-Chancellor）由两名神父协助，行使秘书长的权力。骑士团主教由西西里总督从大团长提交的三名候选人中选出，随后总督再将他的人选推荐给教皇。可以看出，尽管圣约翰骑士团本质上独立自主且等级森严，他们的规章制度里仍有不少制衡措施以确保选贤任能和人尽其责。在后来的几个世纪里，随着骑士团士气和势力的衰落，很多弊端悄然入侵了这个体制。但是在 16 世纪，在像拉·瓦莱特这样强力无私的大团长的领导下，这一制度仍卓然有效地运行着。

除了骑士团内部的各个职责划分之外，由八个欧洲主要国家招募而来的骑士们同时也被划归到八大语区，或叫母语区里。

---

① 皮利耶，法语 pilier，源于拉丁语"pilla"，本意为"支柱、栋梁"，为骑士团语言区的最高长官。

这八大语区分别是：奥弗涅（Auvergne）语区、普罗旺斯（Provence）语区、法兰西语区、阿拉贡（Aragon）语区、卡斯蒂利亚（Castile）语区、英格兰语区、德意志语区和意大利语区。法国人实际上凭借着三大语区——奥弗涅语区、法兰西语区和普罗旺斯语区——占据着主导地位。考虑到数量上的优势，数个世纪以来很多赫赫有名的骑士都有法国血统也不足为奇。骑士团历史上最伟大的三位大团长都是法国人：纪尧姆·德·维拉雷（Guillaume de Villaret，1310 年）①，他率领骑士团迁往罗德岛并建立了维持时间长达两个多世纪的基地；菲利普·维利耶·德·利勒·亚当，他于1530 年率部迁往马耳他岛；以及让·帕里佐·德·拉·瓦莱特（Jean Parisot de la Valette）。

"纯粹的法国人和一个加斯科涅人"，德·布兰多姆神父（Abbé de Brantôme）如此形容拉·瓦莱特这位骑士团历史上最伟大的大团长。骑士团在其领导下达到荣耀的巅峰。为了对付这位伟大的大团长和他麾下的骑士们，苏莱曼大帝决意派出他的陆军主力和奥斯曼帝国所能集结的最庞大的舰队。

---

① 经多方资料来源考证，纪尧姆在位年代存疑，参考马千老师所著《医院骑士团全史》第 155 页，纪尧姆在位时间为 1296～1305 年，他的继任者富尔克·德·维拉雷（1305～1319 年在位）完成了率领骑士团迁往罗德岛的大业。

第 3 章　大团长拉·瓦莱特

让·帕里佐·德·拉·瓦莱特这种坚韧不拔、心无旁骛的人在人类社会中绝对是凤毛麟角。他生于 1494 年，20 岁时就加入了耶路撒冷圣约翰骑士团。他出身于普罗旺斯地区的一个高贵而又古老的家族，是第一代图卢兹伯爵的后裔，其先祖曾追随圣路易①在十字军征途中奋战不已。这个家族已经为骑士团贡献了好几位骑士，但是拉·瓦莱特比他的大多数先祖更忠诚于自己的誓言。入团以后，他从未重返家族庄园或回归母国——除非任务需要，从不离开修道会半步。

布兰多姆神父如此描述大团长："他英俊潇洒，身材高大，沉着镇静且喜怒不形于色，同时能流利地讲多种语言——意大利语、西班牙语、希腊语、阿拉伯语和土耳其语。"最后两种语言是他在一次被俘之后沦为土耳其桨帆船奴隶期间学会的，这种遭遇在那种年代极其不幸却并非鲜见。在 1451 年与海盗阿巴德 - 乌尔 - 拉赫曼·库斯特 - 阿里（Abd-ur-Rahman Kust-Aly）的作战中，瓦莱特身受重伤并失去了他的桨帆船"圣乔瓦尼"号（San Giovanni）。在悲惨的桨帆船奴隶生活中苦熬了整整一年后，他通过骑士团与巴巴里海盗的俘虏交换得以生还。

在那个世纪里，以在地中海上冒险为生的人很可能在几个

---

① 圣路易，即路易九世（1214~1270 年），法国卡佩王朝第九任国王，先后参加第七次和第八次十字军东征，于 1270 年在突尼斯染病身亡。

小时内就时运逆转。图尔古特，巴巴罗萨（Barbarossa）①殁后最伟大的海盗，在拉·瓦莱特是桨帆船奴隶的时候与他有过一面之缘，并稍微改善了下他的生活条件。八年之后，当图尔古特自己被热那亚海军司令詹内蒂诺·多利亚（Giannettino Doria）俘虏之后，瓦莱特恰好也在场。瓦莱特对海盗头子的愤懑深有同感，并评论道："图尔古特先生，这就是战争。"图尔古特则淡然答道："运气不佳。"而生擒瓦莱特的库斯特-阿里，则在 1554 年成了瓦莱特（当时已接任骑士团舰队的司令）的阶下囚，与另外 22 个囚犯一同被发配去划桨。

这些古人早早就对命运的变迁习以为常，如果他们在挺过严酷的被俘生涯后被赎回并与袍泽团聚，就会磨砺出 20 世纪城市居民难以理解的那种钢筋铁骨之躯和吃苦耐劳之品性。16 世纪的生活对于任何阶层的人来说都是适者生存。体弱多病的人活不过童年，只有生命力最顽强的人才有望得享天年。1564 年，也就是苏莱曼大帝决意围攻马耳他的那一年，拉·瓦莱特 70 岁，与苏丹同岁。一个男人要是历经战争活到这个岁数一定极其顽强；而在这个岁数还身强体壮亦且心智坚定则一定超乎常人。如果这个男人同时还为狂热的宗教信仰所激励，那么当世则罕有敌手。在马耳他围城战中，敌我双方都存在着这样的人物，经年累月的战争让这些人变得坚韧不拔，且对自己投身的事业同样坚信不疑。

在骑士团服役期间，拉·瓦莱特几乎在所有重要的岗位上都接受过历练。他相继担任过的黎波里总督（这个岗位的任务如此艰巨，以至于被几乎所有合适人选拒绝了），兰科

---

① 此处指奥斯曼帝国著名海军将领"红胡子"海雷丁（Hayreddin）。

（Lango）地区的行政长官，圣吉莱斯（St Gilles）的大司令官和大修道长，大团长卫队队长以及舰队司令。最后一个职位等同于海军总司令，而博杜安（Baudouin）在其记述骑士团历史的著作中告诉我们，瓦莱特"尽管还不是大十字勋章骑士而仅是他所在语言区的皮利耶，仍然被众人一致推选到这个位子上"。这一事实本身就证明了骑士们对他的敬仰。不仅如此，舰队提督的官位授予非意大利血统的骑士尚属首次，此前这一职位通常被意大利人垄断。

一个天生的战士，且被人形容为"让一个新教徒转变信仰和管理一个王国都不在话下"，作为舰队司令的拉·瓦莱特迅速证明了同袍对他的杰出才能和超凡技艺的信任是值得的。他在任期间，骑士团的舰队从马耳他长途奔袭，不断搅乱奥斯曼帝国的航运线，这在一定程度上导致了苏丹进攻马耳他岛的决定。骑士团的袭击行动与"驱逐舰破袭战"大有相似之处。全副武装的快速桨帆船满载着训练有素的炮手和神枪手，游走于穆斯林的航运线之间，犹如苍鹰搏兔一样扑向其猎物。无论是面对落单的商船或者一整支有护航的船队，桨帆船总会在整齐划一的划桨节奏中席卷而至，引而不发直到几乎与敌人并驾齐驱。然后，在一轮炮击和火绳枪兵齐射之后，骑士们与戎装军士登上敌船并展开冷兵器肉搏战。拉·瓦莱特仅凭一次成功的突袭行动就用自己的船拖回三艘商船（船上的货物价值等同于一位王子的赎金），外加 250 名俘虏（如果未被赎回的话注定会沦为桨帆船上的奴隶或者被发配到马耳他岛的要塞里干苦力），更不用提数量可观的火炮了。

如果说马耳他大围攻以陆战为主，那么事实上它只能依托海上入侵的形式开展。这是一场争夺地中海制海权的战斗，并且正是骑士团的海上行动引发了这场战役。任何一个为拉·瓦莱特，或是骑士团，或是这场围攻战撰史的人，无论相关章节如何简略，都不可能不谈到骑士们和穆斯林海盗以之为生活和战斗场所的舰船。

这一时期地中海上的典型桨帆船，不管是土耳其人的、马耳他骑士团的，还是阿尔及尔海盗的，大都遵循相同的设计。它们继承了古典时代希腊和罗马的桨帆船设计，历经数个世纪鲜有变动。船体细长狭窄，干舷低，吃水浅（直到今天，在马耳他和西西里南部制造的小型渔船仍然可以看到类似设计的缩影）。加莱船的总长可能有 180 英尺，但是由于从船头到船尾优雅的斜角，它的垂线间长①不超过 125 英尺。一条 180 英尺长的加莱船，其船宽只有 19 英尺且船舱深度仅有 7.5 英尺。作为一种专为在地中海夏季长时间的无风期航行设计出的线条流畅的快速帆船，加莱船不适合冬季作战。在整个地中海范围内（同古典时期一样），9 月的到来标志着当年航海季的结束，直到春季安全有保障之后这些加莱船才会再度出海。冬季期间骑士团的桨帆船保存在现被称为船坞海汊的地方，船首朝向森格莱阿半岛，船尾朝向比尔古——骑士们建修道院教堂的地方。

灵活机动是这种桨帆船最显著的特征，而正是这一特点使得其适航性从本质上来说一直都很差。由于船体太轻吃水又浅而不适合用作商船，加莱船天生就是一种专门的作战工具，如同鱼雷快艇一样。经过计算，一艘加莱船最快可达到 4.5 节。当然这一速度只能持续很短的时间，因为再训练有素的桨帆船

---

① 垂线间长是表示船舶长度的一种，是指船舶在标准吃水时，首垂线和尾垂线在船长方向的长度。首垂线是首部吃水和船首交界处，尾垂线是尾部舵轴的位置做的垂线。

奴隶也不可能保持长时间的快速划桨。所以其平均速度约为 2 节，对于风平浪静的地中海这足够了，但是用在不列颠群岛或者北欧的惊涛骇浪中就勉为其难了（也是因为这个缘故帆船技术的重大进步都源于荷兰、斯堪的纳维亚和英国）。

在一艘马耳他加莱船上，船长由一名骑士团骑士担任，并由一名专业领航员协助；二副，或者叫舰务官，也由一名骑士担任。26 排桨座上会布置 280 名桨帆船奴隶，船上同时会配备数量相近的职业军人。主要的武器是一门可以发射 28 磅重炮弹的船头炮，另外还有四门较小的火炮（可发射 8 磅重炮弹）和 14 门可以喷射出大批石子和金属碎片的轻型杀伤性武器。

法国海军军官巴拉斯·德·拉·佩纳（Barras de la Penne）对加莱船奴隶的生活做出了生动的描述：

> 很多加莱船奴隶没有足够的空间将身体舒展开来睡觉，因为每一排桨座上安置了 7 个人；这意味着，他们作息在 10 英尺长 4 英尺宽的空间内；在船头，大约 30 个水手安顿在船首平台下的底层空间中，那是一个 10 英尺长 8 英尺宽的长方形区域。船尾的船长和军官的生活条件也好不到哪去。木块与绳索的嘎吱声，水手们的喧哗声，划桨奴隶们的可怕诅咒声，木材的呻吟声混杂着锁链的叮当声。风平浪静之时，桨帆船也自有其不便之处，比如船体里的恶臭是如此强烈以至于人们不得不从早到晚都用烟叶塞住自己的鼻孔，就算如此，这种恶臭也无法逃避。

这样看来对于瘟疫和其他传染病经常在桨帆船上肆虐的事实也不必大惊小怪了。

如果恰好有一股风从船的正横梁后方吹来，加莱船就可以在其短小的船桅上放下两组斜桁大三角帆。但是大多数时候它还是依靠奴隶的机械性人力投入来驾驶并维持航向的。拉·瓦莱特被俘期间被囚于库斯特－阿里的船上，他对于这种生活自然一清二楚。另外一个法国人让·马泰勒·德·贝尔热拉克（Jean Marteille de Bergerac）半个世纪之后也被判在加莱船上服刑，他对于此情景进行了详细描述：

[加莱船奴隶们] 每六个人被锁在一条长凳上；这些长凳四英尺宽，周围是塞满了羊毛的麻袋，上方覆盖着一直垂至甲板的羊皮。管理划桨奴隶的军官与船长待在船尾以便接收命令。此外还有两名下级官员，一个在船中部，另一个在船首。两人都配有皮鞭用来鞭笞赤身裸体的奴隶们。当船长发出划船的命令后，军官就用挂在脖子上的银哨吹响信号；下级官员们再重复他的信号，很快五十支桨便整齐划一地击打着水面。可以想象这样一幅画面：六个人被锁在一条长凳上，一丝不挂有如刚出生一样，一只脚搭在脚蹬板上，另外一只脚抬起并顶在前方的长凳上，支撑着他们手中沉重的船桨，他们向后伸长躯体，同时伸出手臂推动船桨并避免碰到前排奴隶的后背……有时加莱船奴隶们要连续不断地划上 10、12 甚至 20 个小时而没有一丝一毫的歇息。在这种情况下，军官会来回走动并把浸过酒的面包片塞到这些不幸的桨手的嘴里，以防他们昏厥过去。然后船长会要求军官们加倍吹哨。如果奴隶当中有人筋疲力尽划不动了（很常见的现象），那么他就会一直受鞭笞直至他看起来已经死了，然后被随意地抛入大海。

这就是拉·瓦莱特曾经忍受过的且塑造了他的性格的生活。这种被土耳其人俘虏后的生不如死，每一位马耳他的保卫者都能预料到。

从加莱船奴隶生活中死里逃生的幸存者非但不一定会被摧残，反而能变得愈加强悍并活到高龄。这一事实已经被拉·瓦莱特自己证明。德·贝尔热拉克，也就是上文那段关于加莱船奴隶生活的描述的作者，活到了 95 岁高龄。一个从划桨长凳上的苦役生活中逃脱的人，就如同历久弥新的船龙骨一样，坚不可摧。

拉·瓦莱特仿佛现实版的奥德修斯，"久经沧桑"。他初次经受战火洗礼时 28 岁，在罗德岛大围攻中英勇奋战。关于这场围城战，皇帝查理五世评论道："世间从无恶战如罗德岛这般，即使最终陷落也依然打得气势如虹。"拉·瓦莱特与其他幸存者在一个冬日从他们深爱的小岛启程，当天雪花席卷山谷，山峰消失在了铅灰色的乌云中。他陪伴他的大团长，维利耶·德·利勒·亚当度过漫长的流亡生活；当时骑士团暂时安顿在罗马，他目睹了大团长四处拜访欧洲王室的宫廷。瓦莱特知道德·利勒·亚当是如何苦苦哀求基督教王公诸侯帮骑士团收复罗德岛却白费力气。他知道德·利勒·亚当又是如何极智穷思、百般游说为骑士团寻找另一个岛或是港口作为安身之地。他也经历过英格兰语区［"如此富有、高贵以及重要的分部"，贾科莫·博西奥（Giacomo Bosio）如此形容］被亨利八世下令解散的苦涩年代。

骑士团在马耳他驻扎下来仅仅四年，亨利八世就因为与教皇产生矛盾而下令解散骑士团的英国分支。历经数个世纪精诚合作的八大语区一下子就减为七个。尽管很多英国骑士仍忠

于信仰（有些人甚至因为拒绝否认教皇至高无上的地位而被
斩首），"古老而又高贵的英语语区"犹如幻影不复存在。在
马耳他围城战期间，英格兰仅由一名骑士代表。他就是奥利
弗·斯塔基爵士（Sir Oliver Starkey），瓦莱特的拉丁文秘书，
也是其亲密伙伴及顾问，伴随瓦莱特度过了 1565 年里最黑暗
的几个月。

1557 年，大团长拉·森格莱尔去世。"拉·瓦莱特众望所
归，在他的管理之下骑士团恢复了以往的权威。"新任大团长上
任伊始，第一项举措便是审视自己的小王国，着手增强其防御
能力。他清楚地意识到离土耳其人试图重现罗德岛之胜的日子
不远了。

第 4 章　马耳他岛的防御

从骑士团抵达马耳他岛到拉·瓦莱特成为大团长的二十七年间，马耳他岛有了很大改变。然而，改变的程度仍未达到瓦莱特作为一名战士和厉行纪律者所奉行的标准。

拉·瓦莱特深信马耳他岛有朝一日必然会遭到围攻，因此他着手改善岛上的现有防御设施，同时兴建全新的工事。

从骑士团进驻马耳他岛的那一刻起，德·利勒·亚当便开始扩建圣安杰洛堡——这一要塞俯瞰着大港湾南部并且保护着比尔古渔村。他同时强化了旧首府姆迪纳的城墙。然而，除此之外他就无所作为了。因为，作为罗德岛上的最后一任大团长，他始终无法忘怀那个郁郁葱葱的小岛上的美好生活，特别是那些桃树、无花果树和葡萄树。他的夙愿便是有朝一日能在欧洲基督教教友的帮助下，重返骑士团从前的家园。岁月流逝，这些梦想也付诸东流。然而，即使是拉·瓦莱特本人对于将马耳他作为骑士团基地也不是很满意。他曾经建议将的黎波里作为总部，但是这座城池在 1551 年的沦陷让他的希望成了泡影。

1552 年，当胡安·德·奥迈德斯（Juan d'Omedes）是大团长的时候，利奥·斯特罗齐（Leo Strozzi），一位颇有声望的指挥官，考察了马耳他的防御状况并指出了若干地点的缺陷。大团长和议事会随即指派了一个委员会报告具体细节并准备防御改善计划。首要且最明显的防御弱点就是大港湾主入口处的北面毫无防备。因此，骑士团决定在这一位置上，也就是遍布岩石的希贝拉斯山的海岬尽头（现今瓦莱塔的位置）筑起一座堡垒。同时，在森格莱阿（或者叫作伊斯拉）海岬的末端兴建另外一座堡垒。后面这座星状堡垒由西班牙工程师佩德罗·帕尔多（Pedro Pardo）设计，俯瞰着大港湾的南部并与圣安杰洛堡形成交叉火力封锁住船坞海汊（骑士团舰队的停泊处）的入口。这座名为圣米迦勒堡（Fort St Michael）的要塞迅速修建完毕。

希贝拉斯山尽头的堡垒则是一项更为困难的工程。那里已经有一座瞭望塔和一个礼拜堂，而且很多个世纪以前此处还有一座塔楼和一个灯塔。马耳他语里"希贝－拉斯"的字面意思为"海角上的光"，很有可能从腓尼基时代起在那个地方就有某种类型的灯塔。古迦太基商人在那个时代就已经在使用大港湾了，也正是他们赋予了这个岛"马尔勒斯"（Maleth）的名字，意为"避风港"。该名字后来又被希腊人转变成"墨利忒"（Melita），意为"蜜地"，这便是马耳他岛名字的由来。

在希贝拉斯山上老瞭望塔的位置，另一座星形堡垒于1552年由帕尔多督造而成。这座名为圣艾尔摩（St Elmo）的新堡垒不仅俯瞰大港湾的入口，还居高临下控制着希贝拉斯山北部另外一个重要港湾马萨姆谢特的入口。圣艾尔摩堡面积不大，呈四角星形，由用沙子和石灰岩建成的高墙围绕着。由于堡垒筑于坚固的岩石之上，攻击者不可能通过挖掘地基的形式破坏它。不幸的是，由于堡垒是匆匆建成的，采用的石料并非上等材质，而且，也没有时间在城墙内建造甬道和胸墙以保护守卫者躲避敌军对城墙内部的狂轰滥炸。不过，堡垒四周挖掘了很深的壕沟，在陆地上面向希贝拉斯山的一侧还兴建了外崖，或者称之为三角堡。这种类型的防御工事目的是为守军提供一个阻止敌军前进的坚固据点，并尽可能地坚持一段时间直到守军只能撤入要塞继续防守。在海上朝北一侧设有二线防御工事，一个骑士塔，高于城垛，可以使用火炮或枪支控制周围区域。

圣艾尔摩堡的弱点在于，由于建立在海岬的尖端，它处于相对较低的位置。从希贝拉斯山的山坡上，敌军可以用火炮居高临下地压制这座堡垒。圣艾尔摩堡的防线总长大约有 800 米。

在决定建造圣艾尔摩堡的那一年，骑士团得到了很明显的预警，大规模的攻击行动迫在眉睫，理应有所防备。图尔古特在马萨姆谢特湾登陆，并大摇大摆地向比尔古和圣安杰洛堡开拔，希贝拉斯山上和马尔萨（Marsa，大港湾尽头处的低洼地）都发生了战斗。图尔古特在意识到敌方力量太强后，重新登船并驶向北边的戈佐岛。他彻底摧毁了这个小岛，并且把大部分居民掠为奴隶。

这次袭击暴露了马萨姆谢特湾的弱点，也使得圣艾尔摩堡的建造工作加速。然而，直到拉·瓦莱特成为大团长的时候，堡垒的一个主要缺陷才被根除。在面向马萨姆谢特的一侧，也就是敌军很容易接近骑士塔和堡垒的地方，另一个三角堡用泥土和柴捆草草地建了起来。骑士团自有其难处，建起这个小三角堡所用的泥土和木材不得不从西西里岛上的帕萨罗角（Cape Passaro）海运过来。骑士塔和三角堡均与堡垒主体相连，前者由吊桥连接而后者由狭窄的固定桥连接。三角堡几乎是在土耳其大舰队抵达的同时才完成建造的。

建造这些新防御工事，连同改善现有工事所需的资金，都由骑士团的金库拨出。而拉·瓦莱特走马上任的时候骑士团的财政状况不是很好，同时骑士团上下的士气也不高。经年累月的流亡生活，加之比对马耳他岛和罗德岛之后的精神幻灭，都是这种状况的诱因。雪上加霜的是，1551 年，也就是在大团长胡安·奥迈德斯的任期内，的黎波里陷落，这更是让骑士团的士气一落千丈。大团长把的黎波里总督、大元帅德·瓦利耶（de Vallier）认作丢城失地的替罪羊。结果德·瓦利耶一返回马耳他便被囚禁了起来。

拉·瓦莱特一上任就释放了德·瓦利耶元帅，这件事意义重大。两年后，拉·瓦莱特任命他为拉尔戈（Largo）地区的行政长官，这是骑士团里职责最为重要的职位之一。瓦莱特深知的黎波里的陷落并不是德·瓦利耶元帅的过错。他自己曾经是的黎波里总督，试图改善其防御却徒劳无功。的黎波里的陷落很大一部分原因要归咎于大团长胡安·奥迈德斯，他不仅对手下总督的警告毫不在意，而且也没有提供必要的人力物力来确保的黎波里的安全。

意识到加强马耳他的防御需要花很大一笔钱，瓦莱特立即着手恢复骑士团的财务状况。历史学家布瓦热兰（Boisgelin）记述道：

> 在［瓦莱特的］管理下骑士团恢复了其最初的威信，之前在德意志的部分省份和威尼斯共和国骑士团的威信都受到了很大损害。他收回本应收归骑士团金库的收入的努力也同样获得了成功，这些收入已经很长时间没有上缴了。

1551 年那一年是骑士团事业的最低点：的黎波里陷落，罗德岛收复无望，骑士们士气低落。到了 1565 年，瓦莱特彻底转变了这一状态。作为一个纪律严明的管理者，他对各种违法乱纪采取零容忍的态度，包括私下决斗、在各自会馆之外另觅新居，以及喝酒赌博等由于历任大团长管理不严而在骑士团队伍里滋生的恶行。"于言行处见英雄"，正因如此，他要求手下骑士做到的他自己都身体力行。他对遵守宗教信条一丝不苟，同时也是骑士团这么多年来最出色的将军和舰队司令。

除了建造新的防御工事外，骑士团也强化了比尔古（骑士团的基地）原有的防御设施。原本在一片狭窄低地上的小渔村在三十年后面目一新。狭窄的街道被扩建以容纳各大语区的会馆。满是从罗德岛带来的圣物的骑士们教堂成了骑士们生活的中心。兵工厂、印刷厂以及医院也随之兴建起来。小礼拜堂有如雨后春笋般在马耳他渔民的平顶阿拉伯式房屋之间涌现。圣安杰洛堡建起了一个大谷仓。在要塞所处的坚硬岩石之上骑士团还开凿了隧洞，作为加莱船奴隶的住所。

圣安杰洛堡本身由一道狭窄的壕沟与比尔古分隔开来，并且设有两层火炮平台用以控制大港湾的入口。比尔古由一条连绵不断的防线围起来，防线总长约达三公里。在防御工事朝南，或者说是面向陆地的地方建起了高高的护城墙，以及两座棱堡和护城墙两端的半棱堡。在这强大的防御工事之外，坚硬的岩石之上还开辟出了一条大壕沟。

到了 1564 年深秋，瓦莱特确信一场针对他的岛的进攻马上就会开始。他在君士坦丁堡有自己的间谍，大多数是威尼斯商人。从他们那里他了解到苏丹的船坞和兵工厂的活动如火如荼。10 月，苏丹的国务会议刚一结束，春季行动的准备工作便已开始，大舰队将驶向马耳他。如此规模的行动不可能瞒过外国商人，很快情报便被藏在商人的货物清单和文件中传递回马耳他（由柠檬汁做成的隐形墨水将对大团长至关重要的信息藏在"字里行间"）。

　　拉·瓦莱特现在可以确定如此大规模的海上入侵行动只能是针对马耳他的。尽管当年的航海季节已经过去，他还是立刻派遣船只向北驶往西西里通知总督堂加西亚·德·托莱多（Don Garcia de Toledo）。这一消息迅速传遍整个欧洲，抵达尚在各自庄园或在君主宫廷的骑士团骑士耳中。通过快船和汗流浃背的骑手，信息被传达给圣约翰骑士团尚未归队的弟兄："春季之前到骑士团本部报到。苏丹意欲围攻马耳他。"

　　有一件事拉·瓦莱特不知道，那就是苏丹也有自己的间谍。"两个叛教的工程师，一个是斯拉夫人，另外一个是希腊人"伪装成渔民探访了马耳他。他们"观察了每一门火炮，并且测量了每一座炮台；之后安全地回到了金角湾，并向苏丹保证马耳他几天之内就能拿下……"

第 5 章　备战

在 1565 年的最初几个月，岛上的备战活动热火朝天。土耳其奴隶将新切割出的石块沿着新近拓宽的垒墙搬运至指定位置。比尔古和森格莱阿面向陆地一侧的壕沟都被加深了，保护这两个海岬的护城墙也正在加固。位于森格莱阿末端的圣米迦勒堡配备了更大的火炮。这些火炮的射程足以覆盖到科拉迪诺地区的高地，以及希贝拉斯山山脚的开阔平地。

戈佐城堡（在图尔古特 1551 年的袭击后已被修复）的顶部建起了警戒灯塔，在姆迪纳、圣安杰洛堡和圣艾尔摩堡也建起了烽火台并配备了相应的人手。海岸沿线的老旧瞭望塔已经存在了数百年之久，也被匆忙地修复并添加了柴火。在森格莱阿和比尔古内部，骑士们和马耳他人的房屋、储藏室和礼拜堂被加固，新的建筑也建了起来。由于罗德岛的教训还记忆犹新，拉·瓦莱特希望避免居民区化为瓦砾带来的士气崩溃。

现在看来，起初被派往马耳他岛的考察委员会十分看重的"易于开采的石料资源非常丰富"这一点非常有价值。对于委员会当初的评价——"马耳他岛看起来极其不适宜居住，实际上，它的夏天尤其让人难以忍耐"——大团长及骑士团议会现在意识到凭借这一点整个岛简直就是个天然要塞。它的贫瘠荒凉意味着侵略者不得不携带自身的全部给养。马耳他岛的状况迥异于罗德岛，土耳其军队将发现他们在这个岛上无法就地获得补给。

1月与2月间，格雷大风（Gregale）① 掀起巨浪猛烈冲击海岸岩石，这一时段非常不利于航海，但骑士们还是开始准备桨帆船。只要天气出现了片刻的平静，他们就会利用这一机会将船驶向北方的西西里岛。在那里他们将粮食和支援物资装船，并载上经由欧洲从陆路赶过来报到的骑士。

有一件事瓦莱特心知肚明，那就是他和骑士团不可能期望得到基督教王公们的帮助，如果有也很少。法兰西的弗朗索瓦一世（Francis Ⅰ）甚至已经与苏丹结盟（两国早在1536年就签署了正式协定并结盟）。虽然这并不意味着法兰西将协助苏丹攻击马耳他，但是意味着法兰西也不会向骑士团提供任何帮助——即使很多骑士都拥有法兰西最高贵的血统。德意志皇帝早早地被本国陆上边境（苏莱曼一直在大肆践踏这个地区）的事务困住了手脚，无暇顾及南边的马耳他。英格兰正在新教女王伊丽莎白一世（Elizabeth Ⅰ）的统治下，就更不可能提供支援了。不管怎样，英格兰当时最担心的是西班牙的帝国主义政策，而马耳他在某种程度上来说不过是西班牙的附庸。

只有从西班牙及其统治者腓力二世那里拉·瓦莱特能指望些许援助。马耳他岛曾作为西班牙的礼物被赠予骑士团，一旦这个岛被攻占，那么西班牙王室的领地会立刻受到威胁——先是西西里岛，然后是那不勒斯王国。而教皇肯定也不愿意坐视他个人管辖下的骑士团崩溃。庇护四世（Pius Ⅳ）向骑士团提供了财政支持——最多10000克朗。这笔钱虽然能用于购买给养、火药和军械，但解不了拉·瓦莱特的燃眉之急。大团长最需要的就是人手。

---

① 地中海中部及西部盛行的一种强烈东北风。

　　当时的记录，以及参与围城战的西班牙人弗朗西斯科·巴尔比，对防守马耳他岛的人数给出了一个相对准确的记述。到1565 年初春，拉·瓦莱特手下有 541 名骑士和戎装军士。这些人构成了骑士团的中坚，他们中不包括会馆的教士或其他理论上不允许拿起武器的神职人员。守军的主体由 3000 ~ 4000 名马耳他非正规军组成。这些马耳他人能吃苦耐劳，往往从少年时代起就参与袭击摩尔海盗的斗争，但是守城经验不足，缺乏针对长期围城战中频发的紧急事件的训练。骑士团的桨帆船奴隶大约有 500 人，但是他们大多是骑士团捕获的穆斯林，只能用于修复防御工事、修建城墙，被当作苦力使唤，而且要在监管者的鞭笞下。另外还有 1000 名奴隶可供驱策用于同样目的。所有这些奴隶当然都需要小心看管，因为一旦有机会，他们就会揭竿而起，反抗他们的基督教主子。

　　当天气逐渐缓和，临近春暖花开之时，桨帆船向北驶向西西里。它们带回了军需品、火药、大炮和给养，以及一整个冬季里在墨西拿集结的骑士和他们的追随者。到了 4 月，拉·瓦莱特估计他手下已经有 600 名骑士团的成员（后续增加到了大约 700 名），且守军总人数达到了 8000 ~ 9000 人。凭借这点力量，他必须经受住奥斯曼帝国陆海军的全力攻击。

　　4 月 9 日那天，西西里总督堂加西亚·德·托莱多率领一支由 27 艘加莱船组成的舰队驶向马耳他。看到这些舰船迎面驶来，大团长一定感到他将得到实实在在的支援了。然而事与愿违，总督大人唯一带来的是对援军的许诺，而且是对将来的许诺。他确认他已经请求腓力二世派遣 25000 名步兵，但是他和拉·瓦莱特心里都清楚，即使西班牙国王尽一切努力完成承诺也不可能提供这么多兵员。总督承诺，无论如何，至少要马上增派 1000 名西班牙步兵来援。作为信誉的保证，总督大人留下了自己的儿子弗雷德里克（Frederic）——"一个前途远大的年轻人，当时已经披上了修士的外袍"——在大团长麾下听命。

堂加西亚虽然没有提供多少援兵，但至少给出了一些合理的建议。拉·瓦莱特可能不需要，但为表礼节，他耐心地倾听了。毕竟，总督本人就是一名杰出的战士并且领导了攻击穆斯林港口戈梅拉的行动。

"把参加军事会议的人数限制到最少，并且确保参会的都是资深老兵。"总督说道。

他和大团长都知道作战的一项大忌就是军事会议人数太多，导致派系林立和目标分散。

总督还建议大团长节约自己的兵力，禁止小规模作战和突击。每个人都要用来抵抗敌人对防御工事的主攻。"重中之重，"他接着说道，"是要注意你自己的人身安全，领袖的死亡经常导致作战失败。"

只有最后一条建议是瓦莱特置之不理的。以他狂热的信仰和骁勇的个性，很难想象他能克制自己不避艰险的冲动。

总督的舰队在驶回西西里岛时尽其可能地带走了马耳他岛上的老弱妇孺。疏散岛上所有无助于守城且消耗粮食的人口的工作仍在紧锣密鼓地进行，尽管土耳其舰队已离开君士坦丁堡的消息让所有其他海上活动都停止了。同时，对守军的训练仍在继续。

"每个人都要向目标开三枪，成绩最好的人会得到嘉奖。"对于某些使用火器的经验少得可怜的马耳他民兵来说，这样的训练可能仍显不足。但是，从现在起，火药要节约使用了。在圣艾尔摩堡，以及圣安杰洛堡和圣米迦勒堡的谷仓里，从西西里岛运来的粮食都被搬入地下室，并用沉重的石塞封上。数以千计的陶罐被用马尔萨和姆迪纳老城区外的天然泉水灌满并分发给各个要塞。只有比尔古城堡有自己的水源供应，"那是一口几乎靠奇迹才被发现的泉水"。

在兵工厂和军械库，工匠们准备着守军用以防护城墙的炸药、燃烧弹和杀伤性火器。盔甲作坊里回响着抡动大锤的声音，人们修理着头盔、胸甲和卫兵的皮甲上衣。战役开始时加莱船的位置也正在进行部署。库斯特－阿迦的土耳其大商船已安全地停泊在比尔古和森格莱阿之间的海汊里。

深受威胁的小岛夜以继日地整军备战，铁砧作响，石匠在切割石块，铁匠挥舞着大锤，枪手在测试自己的武器。要塞的指挥官们视察着自己的防区，并集中精力整治缺陷之处，尽管如此之短的备战时间不可避免地导致了很多疏漏。他们不停地提醒自己，罗德岛遭遇围攻时在骑士团手里已超过两百年，且当时还被认为是世界上最完美的要塞。

瓦莱特意识到，直到 6 月他都指望不上加西亚·德·托雷多或是西班牙国王的任何实质性援助。他也知道在 5 月的某个时间点他就可能遭到攻击，这就是他从君士坦丁堡的间谍那得到的消息。无论如何，现在已是众所皆知，苏丹的舰队一俟春季来临就会扬帆起航，只有这样他们才能赢得整个夏季的时间来征服马耳他岛并巩固战果。

迥异于现代战争，过去的入侵和登陆行动并不是在丰收收尾的时候开始的，而是在春季开始的。对于海上作战尤其如此，这主要是因为舰船不足以应对冬季天气。

由于对加西亚·德·托雷多的承诺还心存侥幸，大团长原本可能预计围城时间不超过一个月。但是，经过自罗德岛之战崭露头角以来将近五十年的戎马生涯，大团长远非易与之辈。

他知道王公的许诺以及（且尤其是）他们下属的诺言，都要根据形势加以判定。罗德岛在上次战争中经受住了将近六个月的围城——但是罗德岛离土耳其腹地太近，本身又很肥沃，所以侵略者很容易维持补给。而马耳他岛，据他推算，如果有可能陷落的话只能是秋季之前。因为以如此之长的交通线，9 月之后，侵略者会发现维持自身供给并在岛上过冬变得很困难。

如果马耳他陷落，那么"基督教"，还有圣约翰骑士团就危在旦夕了；因为普天之下再无骑士团可以存身之处。"这就是他们的命运，守卫这个小岛直至最后。"不可能再像罗德岛那样，战败之后会有礼节性的投降约定并安排骑士团撤往他处。

1564 至 1565 年之间的整个冬季，土耳其陆军和海军也在积极备战。尽管在晚年饱受痛风的折磨，苏丹还是亲自前往金角湾的兵工厂和船坞视察整个舰队。由于爱妻罗克塞拉娜的离世，儿子巴维泽（Bajazet）于 1561 年的反叛，以及无休止的宫廷阴谋的压力，安拉在世间的代言人享受帝国霸业的时间不多了。他生性严厉，即使在最后的岁月里也没有改变他冷漠无情的态度来处理国务。几年前，被他提拔到现任舰队司令位置上的皮雅利，在北非海岸的杰尔巴岛打败可恨的基督徒后得胜而归，但即使是如此大捷也没能让苏丹表现出任何满意的迹象。研究奥斯曼帝国的历史学家冯·汉默（Von Hammer）如此写道：

> 他一手促成了盛况空前的庆典却丝毫不改其素有的严肃庄重。无论是胜利引发的自豪，还是凯旋掀起的狂

喜，都没能使苏丹一展笑颜——私人生活的痛苦不仅使他自我封闭，还给他披上了勇气的铠甲去面对不期而至的打击。

执掌兵符的穆斯塔法帕夏来自土耳其一个最古老也最高贵的家族，其先祖据称源自本·瓦利德（Ben Welid），先知穆罕默德本人的旗手。他曾经在罗德岛与骑士团浴血奋战，在与匈牙利和波斯的一系列战役中久经考验，同时也是个狂热信徒。他为苏丹鞍前马后，也以残忍无情著称，对任何落入他手中的基督徒格杀勿论。出于职业习惯，他野心勃勃，决心一劳永逸地将圣约翰骑士团逐出地中海，以此结束自己作为常胜将军的戎马生涯。

苏丹选定了舰队司令皮雅利与穆斯塔法协同指挥军队。与生来就是土耳其人的穆斯塔法不同，皮雅利出身于基督徒家庭。1530 年，正值苏莱曼围攻贝尔格莱德期间，人们发现还是孩童的皮雅利被遗弃在城外的犁头旁。在苏丹宫廷中长大的皮雅利很早就进入海军服役，并且通过不断打败基督徒而威名素著。他还成了苏莱曼之子谢利姆也就是未来苏丹的驸马。马耳他攻城战打响的时候，他时年 35 岁，正处于权力的巅峰，深受苏丹和岳父大人的宠爱，同时还挟有杰尔巴岛大胜之威名。在他数不胜数的海上胜利中尤为突出的就是 1558 年的大奔袭，当时他与海盗头子图尔古特联手摧毁大片意大利海岸，将数千人掳为奴隶。

这两位司令官的副手是亚历山大港总督艾尔·劳克·阿里（El Louck Aly）和艾尔·劳克·阿里·法塔克（El Louck Aly Fartax）。前者是一位令人敬畏的土耳其船长，后者曾是一名多明我会信徒，后来叛教成为土耳其海盗，在爱琴海逞凶一时。萨利赫（Salih）雷斯（Rais）① 以及阿尔及尔总督哈桑（Hassem）也接到命令协助入侵，两人手下所有的舰船和部队都要听候调遣。

值得注意的是，有如此之多的海陆豪杰云集一处，又有穆斯塔法和皮雅利分权指挥，意见不合在所难免。苏丹特意下旨命令这两位最高统帅在所有事务上都要精诚合作。皮雅利"要像尊敬父亲一样尊敬穆斯塔法"，而穆斯塔法"要像对待爱子一样对待皮雅利"。他进一步指示二人在发起总攻之前务必等待图尔古特的到达。实际上，图尔古特被赋予了监视穆斯塔法和皮雅利这两位高级将领的权力。这一安排肯定不太受欢迎。而穆斯塔法和皮雅利之间的分权就更让人不舒服了。天性快活而又促狭的大维齐尔阿里在看到这两名司令官走向集结起来的舰队时，不免揶揄道：

"这两个诙谐幽默、酷爱咖啡和鸦片的人，马上要启程去岛上好好玩耍一番了。"

1565 年 3 月 29 日，土耳其舰队从博斯普鲁斯海峡驶出并来到黄金之城以便让军队和补给登船。苏莱曼现身于金角湾，检阅这支将帝国的力量和荣耀系于一身的舰队。181 艘舰船，以及不胜枚举的小型帆船，组成了大舰队。其中 130 艘是纤长多桨的加莱船，30 艘是小型两排桨船或加莱赛船——后者是当时最大的战船之一，能搭载大约 1000 人。11 艘大型商船也与舰队随行，每艘商船都搭载着 600 名战斗人员、6000 桶火药和 1300 枚炮弹。

---

① 奥斯曼帝国海军官职名，意为舰长或舰队司令。

　　锣鼓喧天，笛鸣哨响，重桨破浪，舰队威武庄严地驶向君士坦丁堡的船坞和指定登船地点。阳光从宣礼塔上方倾泻而下，苏丹注视着舰队，沉思着，他在想也许在这支目的地为马耳他的舰队上挥桨的就有从其他战役中擒获的俘虏，来自那个可憎的骑士团。

第 6 章　入侵迫在眉睫

　　时值 4 月，沧海波平，舰队驶离君士坦丁堡，不慌不忙地直下爱琴海。皮雅利无意过快穿越广阔的地中海中部，他希望舰队能在 5 月抵达，因为那时海上风平浪静，安全更有保障。

　　焦灼地等待着的拉·瓦莱特很快就得到了舰队出动的消息。通过君士坦丁堡当地的商人、渔人以及看见舰队路过的商船，他对派来对付他的军队有了大致的了解。他听说了在舰队离开港口的时候一些大帆船被拖曳在加莱船后面；也听说了在一场风暴中，一些船被吹向沙滩，其中的一艘带着 1000 人沉到了海底，另外一艘连着几门火炮以及 8000 桶火药也沉没了。这些损失丝毫没有影响舰队不可阻挡的前进之势，这多少让他了解了这支正前往马耳他的队伍的规模之大。苏丹召集起来对付他的舰船和部队规模很有可能超出了这位大团长最悲观的估计。

　　历史学家在土耳其军队的规模到底有多大这个问题上看法不同，但即使是最保守的估计也不少于 3 万人，而大多数当代编年史家的估计为 4 万人。这些数字指的都是训练有素的战斗人员，还不包括水手、奴隶，或其他为如此庞大的军队提供后勤补给的编外人员。6300 余名近卫军（Janissaries）① 构成了作战队伍的中坚，他们个个都是从奥斯曼帝国军队里层层选拔出来的精英和神枪手。这一时期的近卫军总人数约为 4 万，他们

① 也被译为加尼沙里军团、土耳其新军或苏丹亲兵。

在土耳其算是最精锐的部队，因此，我们有理由推测被派往马耳他的这些人是精英中的精英。

大约 9000 名来自安纳托利亚①、卡拉曼尼亚（Karamania）②和罗马尼亚的西帕希（Spahis）③构成了军队的主体。另外有 4000 名非正规军④，他们是一支由宗教狂热者组成的特殊部队，被训练成了届时冲向城墙缺口的敢死队。军队的主要人员是 4000 名志愿兵和 5000 名应征兵。大量的希腊叛教者、黎凡特人和犹太人也乘着他们自己的船只或特许船跟随着舰队。这些人以及其他的随军人员紧随大舰队之后，就如同企图分得些残羹冷炙的豺狼尾随于捕猎中的狮子一样。

除了搭载这些部队以外，舰队还运载着 8 万发炮弹，1.5万公担⑤（150 英担）用于火炮和围城武器的火药，以及 2.5 万公担用于火枪和小型武器的火药。入侵军队为围攻做好了充分准备，尽管苏丹的间谍说这场围攻"只需几天就能大功告成"。另外港口的军需官也没有忘记军队将要宿营地区的地形，准备了一袋袋的羊毛、棉布、绳索、帐篷和许多马匹以供西帕希使用，还从商人那里采购了船帆和给养。他们知道在马耳他"军队既不会找到任何房屋作为住所，也不会找到耕地或木材"。

---

① 大体上相当于现今土耳其共和国的亚洲部分。

② 即旧时卡拉曼公国的区域。卡拉曼公国是位于安纳托利亚高原的一个土库曼小公国，后为穆罕默德二世所灭。

③ 该名字来自波斯语中的"sepah"，意为"军队"。西帕希为奥斯曼土耳其帝国的军事封建地主骑兵（也就是依赖地产维护，而不支薪的部队），其地位相当于欧洲的骑士，不过与欧洲骑士有所不同的是他们的土地不可世袭。

④ 原文为 Iayalars，又作 Bashi‐bazouk，在土耳其语里意为"群龙无首"或是"散兵游勇"。

⑤ 计量单位，1 公担相当于 100 公斤。

行驶在舰队前列的是统帅们的两艘桨帆船。穆斯塔法的旗舰是苏莱曼赠予的私人礼物。这艘船原本被设计为苏丹本人的主舰，由无花果木打造而成，名为"苏丹娜"号（Sultana），拥有二十五排桨位。其桨手为两百名土耳其自由民，而非加莱船奴隶。船长是一个远近闻名的海盗，曾在巴巴罗萨手下服役并且在整个东部地中海以"岛间苏莱曼"的绰号让人生畏。

皮雅利作为舰队司令也不甘落后于穆斯塔法帕夏。他的旗舰是一艘拥有三十四排桨位的加莱船，"博斯普鲁斯海峡上所能见到的最大最美丽的船"。在精雕细琢的镀金艉楼上，由纯丝绸织锦做成的天篷遮挡着地中海上的太阳。在舰队司令的船尾之上立着土耳其大帝的私人旗帜——一块银箔方形牌匾，边长 10 英尺，顶端附着新月和拖曳着马鬃的金球。这表示苏莱曼大帝就在船上，由他的近卫军代表。苏丹本人也是一名荣誉近卫军，拥有列兵的礼仪性头衔。据传"当苏莱曼来到近卫军队列之前领取他作为列兵的薪水时，他习惯性地从阿迦手里接过一杯果汁并祝辞'我们将在红苹果见面'"。这里的"红苹果"意为"永恒之城"。① 在这支正摇摇晃晃地驶在风平浪静的海面上的庞大舰队里，很多人注定会在红苹果见面，但永远不会再次见到君士坦丁堡的宣礼塔和翠柏。

与此同时，大团长拉·瓦莱特也完成了他的备战工作。所有位于比尔古和森格莱阿的城墙之外的建筑都被夷平，这样狙击手便没有了藏身之处。骑士团的七艘桨帆船有两艘向北驶向了墨西拿，剩余的五艘中有三艘被安置在了圣安杰洛堡后方的护城河上，两艘（"圣加百列"号和"库罗纳"号）被凿沉在

---

① Red Apple 和 Eternal city 都指罗马。

比尔古外部的水域里，将来还可以再被打捞出来。

农民们被勒令带上所有牲畜以及所有能上缴的蔬菜和春季作物来到比尔古和姆迪纳的高墙之内，这样入侵者将一无所获。瓦莱特确信比尔古将在进攻中首当其冲，为了防止这个城堡变得拥挤不堪，他下令将大部分不能作战的人迁入姆迪纳避难。类似的命令也被发往戈佐岛，一旦入侵开始乡民将前往岛上要塞避难。

拉·瓦莱特可能判断敌人会从东南面展开攻击，因为马尔萨什洛克宽阔的港湾在整个夏季对于苏丹的舰队来说是良好的避风处。然而，他也深知还有一个更好的抛锚地，那就是圣艾尔摩堡北边的马萨姆谢特。可以预见到土耳其舰队司令企图以风卷残云之势直驱这个安全的入口，尤其是考虑到图尔古特和其他土耳其海盗在过去都有利用马萨姆谢特湾的传统。因此圣艾尔摩堡，这个新修建且尚未经过实战检验的堡垒，可能将承受第一次猛攻。无论土耳其舰队是从大港湾还是马萨姆谢特湾着手攻击，圣艾尔摩堡都会是第一道阻挡，守卫它是重中之重。

路易吉·布罗利亚（Luigi Broglia），一个来自皮埃蒙特的七旬老将是这个重要位置的统御官。尽管这位老将尽人皆知的勇气让瓦莱特敬佩，但是瓦莱特还是觉得有必要选派一个年轻一些的人来进行辅佐。他任命了西班牙骑士胡安·德·瓜拉斯（Juan de Guaras）作为支援队伍的头领以及防卫的副指挥官。城堡的正规防卫力量只有 6 名骑士和 600 名士兵。瓦莱特又增派了 200 名西班牙步兵，由堂胡安·德·拉·塞尔达（Don Juan de la Cerda）指挥（这支西班牙部队是于 5 月 13 日才由西西里抵达的，西西里总督原来承诺过的 1000 名援军最后只来了这些人）。另外还有来自七大语区的 46 名骑士作为志愿者也来到圣艾尔摩堡加强防卫。

至于姆迪纳和戈佐岛上的城堡，大团长也尽其所能地加强防卫。他将骑士团大部分的马匹和骑兵送往姆迪纳。尽管议事会上有人建议放弃这两处地点，将所有有生力量集中于大港湾区的重要据点，瓦莱特仍然因为两地所具有的袭扰价值而坚持保存其防御力量。如果土耳其人如瓦莱特所期将大本营设在马耳他岛南部，那么维持骑士团与马耳他岛北部、戈佐岛乃至西西里岛的联系将至为重要。

到了 5 月中旬，入侵看起来已是剑拔弩张的时候，耶路撒冷圣约翰骑士团的第 46 任大团长召集了所有同袍。这是他最后的机会在大会上向所有兄弟讲话了。他比谁都清楚，很多兄弟自此之后就永远不会再听到他讲话了。

即将打响的战役是两种信仰之间的对决。异教徒的大军对我们的岛虎视眈眈。我们是基督千挑万选出的战士，如果天主需要我们杀身成仁，此时此刻便再好不过。那么，我的兄弟们，让我们不再犹豫，走向圣坛。在那里我们将重申誓言，以圣礼重铸信仰，以信仰视死如归。诚既勇兮又以武，终刚强兮不可凌！

比尔古的街道上因为疏散已是空空荡荡，唯有甲胄之声回响，那是全副武装的人们在向修道院教堂列队进发。时值春季，暖风和煦，碧波无浪，马耳他岛上的蜜蜂正忙于花间采蜜。阳光如黄油一般融在砂岩房屋和城垛上。爱奥尼亚海上，浩浩荡荡的土耳其舰队平波缓进，距此地已不到三百英里。

骑士们斗志昂扬地离开了教堂。"在他们分享生命的面包那一刻,所有的人性之弱均已不见,他们之间的所有分歧和敌意业已烟消云散。"

土耳其舰队中同样洋溢着志在必得的气氛。战士们在检视兵器铠甲,战马在畜栏里振鬃长嘶,奴隶如同织梭般躬身划桨。丝织天篷下的指挥官们端坐于席,吃着特拉比松(Trebizond)的甜葡萄,品着果汁冰糕,好不怡然自得。无论是在清晨、正午还是日落紫海的夜间,毛拉(mullah)们的声音都在劝诫着忠实的信徒。"啊,真正的信徒们,当我们与异教徒狭路相逢的时候,不要把后背留给敌人。无论是谁,如果背敌而逃,都将招致真主的怒火,他将在地狱中永无宁日。"同样的,他们也真诚地相信上天为殉教者留有一个美好的归宿。

第7章 攻击开始

圣艾尔摩堡和圣安杰洛堡的瞭望哨于5月18日（周五）首次发现土耳其舰队。当时舰队离马耳他岛还有15英里之遥，正从东北偏东方向压过来。随着黎明破晓，薄雾退散，哨兵发现整个舰队以扇形队形展开，缓缓前进；船桨上下翻飞，在平静的海面激起一道道涟漪。警戒的炮声随即从岛上传出。

从圣艾尔摩堡和圣安杰洛堡传出三声号炮，余音未尽便已被姆迪纳的人们听到。很快，戈佐城堡也听到号炮并看见从姆迪纳直升入空的浓烟，于是同样发炮示警。

岛上的所有人立刻警醒起来。在方形盒子般的房屋里，农民们起身将牲畜赶在一起，在自家马匹和驴子上装满日用品和食品。比尔古和森格莱阿之间的海汊里，船工和水手开始组成侦察队。鼓声响起，喇叭齐鸣，响彻城乡之间和圣安杰洛堡的城墙之上。到处是整装操戈之声。随之而来的便是一片忙乱：有些人在不遗余力地厉兵秣马；有些人用驮畜将家用品和孩童送往安全之处；有些人聚集在一起收割和归拢作物（不少地方的作物之前已经收割完毕），并将其运往城堡。

一俟警报信号发出，圣约翰骑士团及岛上民众便按照拉·瓦莱特的计划进入了警备状态。

岛上唯一寸功未立的团体就是马耳他贵族，几乎没有任何有关他们在围城期间所作所为的记录存世。马耳他的民间传说中不乏立下大功的普通士兵和水手，骑士团的历史学家也不吝于让骑士们在自己笔下青史留名。但是只有古老的家族们似乎忽略了这场战斗。几乎无一例外，他们待在了姆迪纳高墙内的家中，寸步未离。他们对土耳人来犯的主要反应很可能就如他们对骑士团的评论："他们（指骑士团）播下了风的种子，所以就让他们收获旋风吧。"如果骑士团没有驻扎在本属于这些古老家族的岛上，土耳其人的侵犯可能根本就不会发生。无论如何，旧贵族没有进入骑士团的资格（事实上这也使得贵族们愤恨不平），骑士团也从未就如何防守大港湾区或马萨姆谢特湾征求他们的意见。旧贵族也不是水手，对比尔古周边的事态向来置若罔闻。

四艘舰船在马蒂兰·德奥克斯·德·莱斯库-罗姆加（Mathurin d' Aux de Lescout-Romegas）的指挥下，立即前往侦察并报告来犯舰队的船只数量和布阵情况。确定无疑的是，战事一触即发。此时可以看到，逐渐逼近的舰队舳舻千里，遮天蔽日，占据了东北方海平面的全部。只要情况允许，罗姆加骑士便会尽可能主动攻击。

罗姆加作为当时的骑士团舰队司令官，已经是地中海上家喻户晓的基督教水手。与大团长的成长经历类似，他首先是一名骑士团军士，屡历艰辛。从戎以来，他便立誓与异教徒死战到底，参与了陆上和海上大大小小的战役。这位不屈不挠的水手经常与风险为伴。就在几年前，他成了一场事故中为数不多的幸存者之一。当时，大港湾上的一艘桨帆船被龙卷风翻了个底朝天，他在船内被困了一整晚。"双手紧紧抓住船的下沿，水面已经没到下巴，靠着不多的空气免于窒息……"当早上才赶到的救援队试图打捞沉船时，他们听到船壳内传来敲击声。马耳他的船工在船壳上切出一个洞，让他们大吃一惊的是，"第一个跃入眼帘的竟是一只猴子［那时就像现在一样，水手们都喜欢在船上养宠物］，第二个才是罗姆加骑士"。

这就是瓦莱特派去侦察苏莱曼舰队的老兵的传奇经历。但即使是如此久经战阵的人，面对庞大的土耳其舰队可能也被吓得驻足不前了。不管怎样，土耳其人轻蔑地忽视了马耳他小舰队，继续向马耳他岛的南部进发。打头阵的是皮雅利手下最好的领航员，此刻他正在船首辛苦忙碌，测量水深，以便让庞大的舰队沿着五十英寻①深的测量线向南驶往德利马拉角（Delimara Point）和马尔萨什洛克港。

但是一天下来，拉·瓦莱特和骑士团上下变得有些困惑。土耳其舰队并未试图闯进马尔萨什洛克港，而是继续行进，绕过马耳他岛的南端。一阵来自东北方向的轻风可能使土耳其指挥官决定找到马耳他岛的背风处再下锚。

当形势明朗，确定敌军不会立即在马尔萨什洛克下锚后，瓦莱特派遣骑士团大元帅德·科佩尔（de Copier）率领一队骑兵沿着海岸跟踪土耳其舰队。在岩石峭壁上方的小渔村祖里格（Zurrieq），骑兵队观察敌情并耐心等待。随着黄昏临近，他们看到整支舰队影影绰绰地映衬着西方的天空，沿着海岸线绕行并穿过了菲尔夫拉岛和马耳他岛之间的小海峡。此刻，伊斯兰舰队的壮观景象让骑士团最意志如铁的成员也不由心生恐惧。

舰队离岛已不足半英里，超过190艘舰船扬帆起桨，分为三队徐徐向海岸驶来，如同精心设计的阅兵式一般，意图威

---

① 英美长度单位，用于海洋测量中，1英寻约合1.8288米。

惧敌手。在行驶到悬崖峭壁下的背风处——姆贾尔村
（Mgarr）稍稍偏北的地方——之后，舰队便开始下锚。信使
立刻策马扬鞭奔回比尔古并向大团长报告了舰队的船只数量
和下锚地。

此刻拉·瓦莱特一定是在奇怪为什么敌军没有在北边登陆。
如果不在北边登陆，那么第一轮攻击肯定会落在姆迪纳脆弱的
城墙上。更糟的是，如果敌人占领马耳他岛北部并且切断马耳
他岛与戈佐岛的联系，那么土耳其人就能轻而易举地阻绝骑士
团与西西里岛的沟通。一艘之前一直在圣安杰洛堡的城墙下待
命的小船现在被立即派往马耳他岛的东部海岸。这艘小船由意
大利骑士乔瓦尼·卡斯特鲁奇（Giovanni Castrucco）指挥，他
接到的命令是将敌军入侵的信息带到西西里岛以及身在墨西拿
的腓力二世的总督："围城已经开始，土耳其舰队的船只数量接
近 200 艘。我们等待着您的救援。"

夜幕降临的时候，农民们还牵着不堪重负的驮畜在田间往
来不绝，他们自己也背负着成袋的面粉和蔬菜。姆迪纳、比尔
古和森格莱阿的城墙之内，羊咩马嘶之声与士兵的呼喊声和工
匠的铁砧声混杂在一起。在距离土耳其舰队下锚地不远的艾因
图菲哈湾的悬崖上，骑兵分队仍留驻于此观察敌军的动向。从
他们身后向南望去便可看见姆迪纳老城上方的光晕，而他们脚
下的黑色海湾上也闪烁着无数灯光。夜色静谧之中，他们仍能
辨听出大舰队的各种声音——低沉浑厚的锣响、监工尖锐的哨
声和落锚发出的水花四溅声。

就在凌晨前的几个小时，他们突然发现有超过三十艘船开
始起锚。他们观察到这些船转而向南。口信立刻被传递给下一
队骑兵，他们顺着西海岸继续跟踪这支船队。

　　在 5 月安静的夜晚，借着天边的曙光和水面的波光，他们密切注视着船队驶过。其中一些船还拖曳着商船。这些船最后原路返回了马尔萨什洛克。大团长的猜测是正确的。土耳其舰队最初驶向西北的动作只不过是佯动罢了——真正的攻击仍将从南部展开。

第 8 章　第一次较量

在拉·瓦莱特的指示下，人们分成小队向马尔萨地区低地的水井里投毒，他们将大麻、亚麻、苦菜和粪便扔入水坑和泉眼。瓦莱特深知仅有此地能为土耳其人的庞大军队提供水源，而很可能就是这一举措引发了日后肆虐于土耳其军中的痢疾。但是土耳其人仍然使用着马尔萨的水源。

备战工作紧锣密鼓地进行着以迎接即将到来的进攻。骑士梅尔希奥·埃瓜拉斯（Melchior d'Eguaras）带着骑兵主力被派往姆迪纳，这些骑兵将执行骚扰任务并猎杀敌人的寻粮队，但绝不与西帕希骑兵进行正面对决。守卫部队在所有防御工事里的岗位上就绪。三大法语区——普罗旺斯、奥弗涅和法兰西的骑士们把守着比尔古面向陆地一侧的城墙。阿拉贡（包括加泰罗尼亚和纳瓦拉）骑士在圣安杰洛堡西段的幕墙上枕戈待旦。卡斯蒂利亚骑士防守的棱堡紧贴着普罗旺斯防区，德意志骑士守卫着其余防线。

而英格兰语区，一度是骑士团里富有而又高贵的中坚力量，现在仅由一名骑士代表——大团长的拉丁语秘书奥利弗·斯塔基爵士。半是出于对斯塔基个人能力的尊敬，半是出于对英格兰骑士作为基督教军事力量的急先锋的美好时光的怀念，瓦莱特把一支多种族的联合部队分配到这一仅剩的英格兰骑士麾下。他将圣安杰洛堡剩下一段幕墙的防守重任托付给"英格兰语区"。

值此围城之际，骑士团奇特的国家分区制度充分证明了自身价值。尽管身在同一阵营，但是就像一支部队里分属不同军团的士兵一样，每个语区都有自己精心守护的荣耀和传统。这种力求压过其他语区一头的竞争关系，在很大程度上造就了圣约翰骑士团好勇斗狠的战斗激情。

骑士团的小型舰船要么被拖曳到安全锚地，要么被直接拖上岸，而加莱船则被安置在圣安杰洛堡和比尔古之间的水渠里保护起来。一旦战事开启，寸板都难以离港，大团长对此心知肚明。围城战犹如一场人为飓风，守卫者面对灾难不得不将所有事情都未雨绸缪。

骑士团在圣安杰洛堡与森格莱阿之间狭窄水域的颈部横起一道巨大的铁索，封锁入口以防止任何来自海上的攻击。这道铁索出自大名鼎鼎的威尼斯兵工厂，由手工打造而成，长逾200米，每一个铁环据说要花费骑士团十个金杜卡特。森格莱阿一侧的铁索被固定到一只巨锚上，巨锚原来属于罗德岛的克拉克大帆船（Great Carrack of Rhodes）——骑士团的旗舰。巨锚已被嵌入岩石中，并用石垒加固，变得稳如泰山。在铁索的另外一端，圣安杰洛堡底部一个专门建造的平台上，一个大型绞盘控制着铁索，平日里铁索处于松散状态半卧于海床上，深于通过于此的船只的吃水深度。

现在，最后的准备工作业已完成，因此成群的奴隶竭尽全力推动绞盘提升铁索。随着其被逐渐拉紧并且破水而出，马耳他船夫们划着小舟搭起了木质浮桥，每隔一定距离就把浮桥与铁索绑牢，如此一来就构建起一道坚不可摧的屏障，以防任何突袭者闯入。浮桥还能使铁索浮在水面上，避免铁索中段松弛或下沉。至此，无论是在陆上还是海上，比尔古和森格莱阿所处的两个海岬均已对侵略者严阵以待。

19 日也就是周六的午时，人们得知土耳其人开始在马尔萨什洛克登陆。在午夜到破晓之间的几小时中出发的先头部队已经下锚，前卫没受丝毫阻拦便在南部登陆。北面传来情报，土耳其舰队主力也开始掉头向南。到 19 日午夜，整个舰队已入海并驶向马尔萨什洛克的锚地。

白天的时候，已经在马尔萨什洛克下锚的船队中有大约3000 人上岸，其中有 1000 人是近卫军。这支部队径直冲向距离海岸 1.5 英里远的扎伊通村（Zeitun）。他们得到的命令是尽其所能捕捉所有的动物（尤其是牲畜），阻止农民毁坏或是带走农作物。结果他们的企图由于拉·瓦莱特的先见之明没有得逞。他们的眼前是荒芜一片的乡村，农民早已带着牲畜逃离，庄稼也收割完毕。当他们接近扎伊通的时候，双方的第一次冲突发生了。

大元帅德·科佩尔派出的一支骑兵分队监视着马尔萨什洛克、扎伊通和北部地区之间的道路，他们一头撞进了土耳其的先锋巡逻队中。一个葡萄牙见习骑士，堂梅斯基塔（Don Mesquita），姆迪纳总督的侄子，在这次遭遇战中丧生。而法国骑士阿德里安·德·拉·里维埃（Adrien de la Rivière）受伤被俘。在寡不敌众且侧翼被近卫军和轻步兵包抄的情况下，骑兵分队选择了后撤，留下了本次战役的第一名阵亡者和第一名受伤者。骑士团的一名葡萄牙新兵，巴尔托洛梅奥·法拉内（Bartolomeo Faraone）也被俘虏了，他与德·拉·里维埃一道被土耳其人带回大本营等候穆斯塔法帕夏的审问。

穆斯塔法带着他的参谋随军队主力于 5 月 20 日早晨登岸。

两个囚犯被带到他面前由他审问马耳他防御情况。此时此刻两人一定都知道死亡是必然的事，因为他们一字未说。穆斯塔法随后就把他们交给了刑讯人员。

与此同时，前卫部队已越过扎伊通并洗劫了进军路线上的下一地点，小村庄扎巴尔（Zabbar）。扎巴尔之后除了不毛之地再无其他可供洗劫之处，因为比尔古和森格莱阿的堡垒工事据此仅有一英里之远。

当穆斯塔法与舰队司令皮雅利还在讨论最佳作战方案的时候，拉·瓦莱特已经完成了他的备战工作。最后一批供给和军火已经运往圣艾尔摩堡，两个海岬上的守卫部队都已做好战斗准备，圣约翰的大旗在圣安杰洛堡猎猎飘扬。除了一小部分军队被留在姆迪纳巡逻城堡之外，大部分士兵都被用于加强比尔古的防卫力量。瓦莱特对于来犯之敌的数量已经了然于心。两个从土耳其军队逃出的变节者向他透露了土耳其军队的规模和意图，他们的情报使他更加确信穆斯塔法一开始就打算进攻守在坚固城堡里的骑士团，而不是首先占领岛的北部地区。

穆斯塔法帕夏也在庆祝己方获取了一些有用的情报。骑士德·拉·里维埃和他的伙伴法拉内在严刑拷打之下不得不吐露出骑士团防御弱点在于卡斯蒂利亚区。帕夏因而决定在接下来的一天对此防区进行试探性进攻。

随着土耳其军队的步步紧逼，双方之间再次爆发骑兵冲突且两边损失都不小。大元帅科佩尔被迫将其手下撤到受比尔古和森格莱阿的火炮掩护的范围之内。而在土耳其人的一个前卫分队于马尔萨寻找水源的时候，骑士们从姆迪纳附近的山坡上呼啸而下，如砍瓜切菜般痛击入侵者。这些早期的小规模战斗让双方都得以借机试探敌手士气，并且适应其战术和装备。土耳其人立刻意识到他们不会轻易得手；而骑士们和他们的部队则见识了（对于其中很多人都是第一次）伊斯兰教的狂热如火。除去这些骑兵冲突的插曲，土耳其人不受阻拦地在岛的整个南部地区完成了部署。

拉·瓦莱特在战役初期的举措令一些历史学家迷惑不已。他们不禁问道，为什么圣约翰骑士团未能从敌人登陆的那一刻起就展开攻击呢？这个问题的答案包含了围城战与要塞作战的全部要点。一座要塞，就其本质而言，是为了让一支小部队承受住来自占有绝对优势的敌军的攻击。在马耳他围城战中，瓦莱特总共能召集的士兵数目不超过 9000 人，却要与超过 30000 人的敌军周旋。但是身处要塞之中，即使敌军总数比自身三倍还多，守卫者仍有机会取胜。骑士团的处境与十字军运动中发生在圣地的很多场战斗类似，这些战斗也直接促成了要塞建造技术的精益求精。敌众我寡，恶邻环伺，而微不足道的援军还要不远千里跨海而来，像圣约翰骑士团这样的基督教军事团体发现要塞才是解决这些问题的不二之选。在坚城高垒后方，骑士们才能抵抗有极大人数优势的敌军。

马耳他的情形也是如此。如果瓦莱特试图对土耳其人进行反登陆作战的话，即使在初期可能获得小胜，他的部队也会迅速被击败。他们会被敌人迂回包抄，敌军会分兵在海岸的其他地点登陆并从他们身后攻来。无论在何种情况下，绝对的数量差会使骑士团被迅速吞掉。马耳他岛上既无隐蔽之处，又无深山密林，缺乏克里特岛（Crete）上那种可以开展游击作战的有利条件。瓦莱特仅有两个选择：要么从一开始就反登陆；要么就转入做好备战工作的要塞。毫无疑问他选择了正确的策略。

在土耳其舰队现身的三天后，土耳其军队便控制了大港湾以南地区，并占领了马尔萨。他们的主力开始进驻攻击位置，登上一些可以从南俯瞰大港湾区的低矮山丘。比尔古和森格莱阿防御上的一大弱点就是这些强化要塞的一边是地势较高的科拉迪诺，另一边是例如坐落于卡尔卡拉（Kalkara）后方的圣玛格丽特山（Santa Margherita）这样的制高点。与之类似的是，圣艾尔摩堡也被希贝拉斯山俯瞰着。这些天然缺陷已经被骑士团雇用的工程师在之前的勘察中指了出来，但不幸的是骑士团既没有时间也没有财力来弥补这些缺陷。

当棱堡的哨兵向南望去时，他们能看到阵容齐整的土耳其军队正向这里进发，准备进行第一次试探性进攻。根据从两名俘虏口中撬出的情报，穆斯塔法帕夏决定攻击卡斯蒂利亚骑士的防区。低矮的山头上军旗攒动，闪耀着指挥官们珠光宝气的头巾和长袍。他们手里的弯刀刀柄上也镶嵌着宝石。丝绸做的三角旗在各个分队的前列飞舞，马匹的盛装打扮丝毫不亚于其主子的服饰盔甲。"整支军队从远处望去就如同草场里盛开着大片鲜花，令人目不暇接；而各式各样的乐器也鸣奏起来，叮咚入耳，和谐归一。"

看着前进中的土耳其军队，瓦莱特记起加西亚·德·托莱多关于节约使用部队的劝诫，下令所有人都守在城墙后，敌人进入射程前不得开枪。然而他忘了年轻人的冲动和炽热，骑士队伍里有很多人是第一次碰上这种大阵仗。"他几乎动用了所有权威去阻止这些年轻人开城出战；而在被他喝止之前，已经有一大拨骑士冲了出去。"意识到这已无可避免，大团长决定让小伙子们去适应一下尚觉陌生的敌人，尽早体验"血腥"。他从森格莱阿和比尔古派出三个分队去迎击土耳其人的先头部队。

第一场主要战斗在设防阵地南部的陆地上持续了整整六个小时。瓦莱特置身于普罗旺斯骑士防区主城墙突出在外的棱堡上，他目睹枪炮发出的火焰席卷了密集的人群。双方前锋接战的时候，城墙下回响着马嘶声、兵器的碰撞声和火器的噼啪声。尽管他自己的火绳枪兵表现不错，但是他注意到土耳其的神枪手们更胜一筹。尤其是近卫军对于精准射击尤为擅长，他们使用的火枪大约有"7 或 9 掌宽①"，尽管装弹时间较长，但是效率要比欧洲火枪高。当他站在棱堡上观战的时候，他身旁的一名士兵被击毙倒在他的脚边，而离他只有几步远的侍从也被击伤了脖子。

看到投入战斗的土耳其人愈来愈多，瓦莱特下达撤退的命令。守卫者们向后退入打开的城门，炮手们则阻止土耳其人继续前进。只有 21 名基督徒阵亡，而土耳其人则在战场上扔下了几百具尸体。但是，在这第一场主要战斗中产生了 150 名伤员，瓦莱特知道他再也不能允许出击了。出击行动提升了部队士气，但从现在起他手下的有生力量要保存下来用于防守。

一面缴获的土耳其战旗被带到他面前接受检查（随后被挂到了修道院教堂里）。来自纳瓦拉的骑士让·德·莫尔古特（Jean de Morgut）杀死了一个穿着奢华的土耳其军官，并向大家展示他从死者手臂上剥下的金手镯。有人读出了刻在上面的阿拉伯铭文："我来马耳他并不是为了财富或荣耀，而是救赎我的灵魂。"

随着太阳落山，穆斯塔法下令撤军。全军分为三部，左翼

---

① 中世纪的计量单位，1 掌宽约为 25 厘米。

在马尔萨，中军紧靠科拉迪诺，而右翼正对着森格莱阿。很明显，卡斯蒂利亚防区实际上是陆基防御里最强的一段，并由许多火炮保护着。近卫军损失很大。两名基督徒俘虏撒了谎，穆斯塔法帕夏下令将骑士阿德里安·德·拉·里维埃和巴尔托洛梅奥·法拉内用大棒活活打死。

第 9 章　目标：圣艾尔摩堡

在打退第一次进攻之后，瓦莱特和他的参谋们可能以为接下来围城的目标是比尔古和森格莱阿，因为大部分土耳其军队集结在这两座城堡南面的山丘上。但是他们的所有疑惑在 5 月 22 日晚得到了解答，两名基督徒变节者（在某一时间段内"转变成土耳其人"① 以保命的人）逃到了比尔古。他们被带到大团长面前。其中一人曾是穆斯塔法的侍卫，并且于土耳其指挥部召开作战会议的那个晚上在场。瓦莱特从他那得知土耳其高层决心先攻取圣艾尔摩堡。

土耳其指挥部在目标选择上颇有分歧。穆斯塔法作为陆军主将倾向于先行占领马耳他岛北部和戈佐岛，然后攻占姆迪纳，进而挥师比尔古和森格莱阿。至于圣艾尔摩堡，他认为置之不理也没太大风险。他设想由舰队的一部封锁大港湾区，另一部巡弋于锚地北部的海面阻截援军，运输船队则留在马尔萨什洛克的锚地。但对骑士团来说利好的是，穆斯塔法一针见血的战略构想被舰队司令皮雅利推翻了。皮雅利坚持认为马尔萨什洛克对补给船和运输船而言并非绝对安全。非但如此，他也不同意将其余舰船布置在马耳他岛以及戈佐岛的东部和东北部沿岸海域。

皮雅利毫不犹豫地指出苏丹的舰队几乎已倾巢而出，自己要为之负责——他有可能还补充到，人命比船贱。他催促总司

---

① Turn Turk，原可指改信伊斯兰教，此处取其字面意思。

令在发动重要陆地作战行动之前要确保为舰队提供一个真正安全的锚地。真正安全的锚地——除了大港湾之外——就是马萨姆谢特了。皮雅利关于占领马萨姆谢特之必要性的观点其实建立在了错误的前提上：他认为整个 5 月和 6 月期间都有来自东部或东北部的强风或狂风发生的可能性。格雷大风，地中海中部的一种最具危险性的强烈东北风，确实足以让每一个水手都心怀畏惧。但是，土耳其舰队司令想错的地方就在于他认为格雷大风有可能在当下这个季节发生。实际上格雷大风在 3 月，或者最晚在 4 月以后几乎就不再涉足马耳他。马尔萨什洛克作为夏季舰队行动的锚地足够安全。

然而，普通士兵们不可能反驳皮雅利的观点。他的意见因为他与苏丹皇室的密切关系而分量格外重。穆斯塔法不情愿地接受了这个他被嘱咐要作为"挚爱的儿子"对待的年轻舰队司令的意见。但是为了确保马尔萨谢特成为舰队的锚地，必须先拿下圣艾尔摩堡。这个城堡俯瞰着马尔萨谢特湾的入口，除非它在土耳其人手中否则他们什么事也干不了。苏丹的间谍之前报告这个城堡是草草修建且不堪一击的，所以土耳其人做出夺取它的决定自然也没大费周章。与比尔古和森格莱阿不同，它只是个纯粹的堡垒，没有城镇为守卫者提供人力、火药和补给。

大团长对这一情报则十分欣喜。他深知，无论发生何种状况，土耳其人若要占领这个岛就必须先攻克比尔古和森格莱阿。所以他们选择圣艾尔摩堡开刀就意味着这两个主要塞获得了宝贵的时间以加强和改善防御。至于加强圣艾尔摩堡防御的事已经没有时间去做了。路易吉·布罗利亚，圣艾尔摩堡的守备官立刻得到他的堡垒将受到第一轮攻击的通知。同时，大团长又增派了援军。普罗旺斯骑士皮尔埃·德·马斯奎斯·维尔孔

（Pierre de Massuez Vercoyran，人称"马斯上校"）刚刚带领麾下的 400 名士兵从墨西拿抵达。马斯上校和他手下的半数人马，与 64 名出于荣誉感志愿加入的骑士一道登上渡船，穿过大港湾，加入圣艾尔摩堡原有的守卫力量。

　　穆斯塔法手下的工程师和官员被派去侦察方位并回来做报告。"这是一个星形堡，"他们报告，"有四个主要突出部，而我方必须攻占的正面则被切割成棱堡状。临海方向的骑士塔被一道壕沟分隔开。另外还有一个小三角堡。这两个外部工事都与堡垒主体连接起来，一个是通过吊桥，另外一个则是通过一座固定的桥。"这是个虽然经典但从某种程度上来说过时的城堡，看上去不会给土耳其军队的炮兵、坑道工兵和土木工兵制造多少困难。他们所面临的最大困难在于自然地形。希贝拉斯山的山头十分荒凉，上面没有任何可遮掩躲藏之处，甚至也没有以供部队掘沟挖壕的泥土。

　　四十三年前的罗德岛围城战中，土耳其人的胜利很大一部分要归功于坑道和土木作业。在马耳他岛，由于岛上的岩石地貌，土耳其人做好了狂轰滥炸的准备。穆斯塔法帕夏下令将围城炮由马尔萨什洛克的运输船卸下运到希贝拉斯山。土耳其人把之前在一些村子里逮到的公牛、桨帆船奴隶，甚至用来补给部队的肉牛通通套上轭连在承载这些巨大火炮的木质支架上。在崎岖不平的地面和泥泞不堪的道路上，他们开始缓慢地将火炮从马尔萨什洛克的锚地拉到 4.5 公里之外的希贝拉斯山。

　　这一历史阶段的土耳其火炮在重量上大大超过了欧洲同类；而苏丹的炮兵和铸炮师们，在长达四十年的欧亚大陆征战过程中，将炮击技艺磨炼成一门精细艺术。他们在一场又一场围城战中习得了如何将不同武器和技术应用到不同的要塞上。两门

60 磅重炮、十门 80 磅重炮以及一门可发射重达 160 磅石弹的巨型蜥炮被用于轰击圣艾尔摩堡。由于这些重武器的投入，土耳其人的发炮速度并不如基督徒。但是在短射程内，其重型铁弹和石弹的破坏力是巨大的。

为了保护他们的火炮和枪手，土耳其人不得不从马尔萨和临近乡村运来数以千计麻袋的泥土。在人工搭建的掩护工事完成以前，穆斯塔法只能将他的军队布置在主山脊下。这样一来，土耳其人的位置就不利于其火枪手集中火力封锁圣安杰洛堡和圣艾尔摩堡之间的水域。

5 月 24 日晨，穆斯塔法帕夏下令炮轰圣艾尔摩堡。随着射石炮和巨型蜥炮开始隆隆作响，守卫者们胆战心惊地等待着。让他们心怀恐惧的不光是土耳其石弹的重量。有谣言说如此强度的炮击会导致作为珍贵水源的贮水池碎裂。幸运的是射石炮引发的震动效果被高估了，但是其破坏力没有被高估。不到一个小时，城堡赖以建成的石灰和砂岩块就开始成片剥落、化为粉末。随着重型石弹不时撞击着同一个地方，城堡各处都有大块大块的岩石碎落下来。

守军还受到狙击手火力的严重干扰，这些精心挑选出来的神枪手被部署在城堡面向马萨姆谢特湾的一侧。土耳其人成功地用树枝、木块、木板和泥土搭起了一道屏障，从这些掩护工事里他们得以对城堡的北部城墙形成纵向射击。在一些地点这些狙击手距离城堡居然不到五百英尺。由于身处堡垒的视线盲区，守军除非从胸墙上探出身子，否则根本不可能击中敌人。然而，在 5 月晴朗的蓝天之下，人的头部和肩膀的侧影非常清晰。很快，哨兵就发现在北面和马萨姆谢特湾一侧连保持监视都无法实现。而沙石滑落腾起的黄色尘埃一直没有散去，说明守军的陆基城墙在慢慢被毁坏。

大团长在派遣援军去往圣艾尔摩堡的那一天，还派了一艘带信小船向北驶去。在其中的一封信里他恳请教皇为马耳他争取所有可能的援助。他也给骑士团在欧洲各地的皮利耶写了信，要求他们对当地的统治者施加影响以获取援助。小船的第一站是墨西拿，大团长提醒总督大人他承诺过要在 6 月之前派出援军。带着这些信件的船从围城中出来的时候正好与另一艘小船错身而过，船上是总督给拉·瓦莱特的最新信件。这封信在圣艾尔摩堡开始遭受围攻的当天抵达。

加西亚·德·托莱多指出，鉴于土耳其军队的庞大数量，他只有召集一支数目同样可观的大军才能解救马耳他。这项工作不可能一蹴而就。小股兵力添油式增援只会是一种浪费，因为这些部队甫一登陆就会被撕得粉碎——即使搭载他们的运输船能够穿过马耳他海峡。总督请求大团长保持耐心，固守待援。凡是他能做到的，他一定会做到。同时他请求拉·瓦莱特将骑士团剩下的加莱船派往墨西拿。

这种请求实是一个既典型又悲哀且屡见不鲜的军事问题——总部向前线发出强人所难的指令。在土耳其舰船已经遍布马耳他所有海岸的情况下，瓦莱特知道，如果他降下封锁海汊的铁索，解锚这三艘加莱船，并且命令它们驶向西西里岛的话，那么它们注定驶向毁灭。

无论何种情况，加莱船都需要奴隶划桨，指挥官发布命令并且领航，以及士兵去作战。即使削减船员数量，三艘加莱船也要从瓦莱特有限的人力资源中消耗掉 1000 人。很显然加西亚的命令不具备可行性。当晚，再三斟酌总督的来信后，瓦莱特又从大港湾派出一艘小船回信给加西亚。他解释了无法派出加莱船的原因，给出了他对敌人数量的估算和对手意图的揣摩，并且让总督大人确信"骑士团上下士气高涨，他们将会坚守至最后"。

"圣艾尔摩堡对马耳他至为关键！"瓦莱特在马斯上校前去增援圣艾尔摩堡的时候如此告诫后者。随着第二天炮击再次开始，他深感自己的话是正确的。只要引诱土耳其人自己消耗掉兵员和大炮，诱使他们在贫瘠海岬上的小城堡用尽炮弹和火药，瓦莱特和守军主力就有更长的时间去加固防御。马斯上校手下的另外 200 名士兵，以及 60 名获释的桨帆船奴隶也被送去支援圣艾尔摩堡。这些获释奴隶并非被俘的土耳其人，而是正在桨帆船上服役的基督徒囚犯。

为了干扰希贝拉斯山上的土耳其大炮，瓦莱特指挥下属在圣安杰洛堡顶部紧急修建了一个额外的小堡垒。他在这里设置了两门大型火炮，以便在几乎与土耳其人的炮位持平的高度上轰击敌人。

一有可能，姆迪纳的骑兵就会突袭马尔萨，切断土耳其人的供水线路并袭击在田地间遇上的寻粮队。骑士们和他们手下的士兵，以及马耳他非正规军，从不放过任何袭扰敌军的机会。整个战役过程中，德·科佩尔在姆迪纳的骑兵都在源源不断地给土耳其人放血，使敌人如芒在背。

相比基督徒，穆斯林一直以来就具有的一大优势是他们特有的东方式宿命论，而这一优势又被穆斯林勇士们对于战斗中死去的信徒会荣升天园的坚定信念强化。正如一名历史学家所说："奥斯曼土耳其人的高官在这一时期不计人命的态度让人难以置信；为了达到目的他们以无情的冷漠牺牲了数以千计的人。在他们鲜血浸透的帝国史中，从没有比马耳他围城战更能证明这一特点的了。"这一点单是由土耳其人有能力在希贝拉斯山上如此恶劣的条件下修建纵横交错的壕沟和地堡的事实就足以清晰地表明。在监工的鞭笞之下，奴隶和劳工队持续不断地采石、挖掘并运出成捆成袋的泥土。尽管在守军猛烈的火力打击下，劳工的尸体堆积如山（这些尸体也被埋进了工事里），但是土耳其人还是完成了这一工程。

在夜里进行这项工作相对容易些，但是即使在白天也有绵延不断的人流沿着山坡〔如今是佛洛里亚纳（Floriana）的郊区所在〕上上下下，把木材和其他原料运到希贝拉斯山山顶。在攻城开始后仅两天的时间里，土耳其人就成功地在最高点正对着城堡的方向建起了一道牢不可破的护胸墙。在这个位置上，土耳其大炮可以居高临下地轰击圣艾尔摩堡的骑士塔。在炮兵执行把圣艾尔摩堡夷为平地的主任务的同时，穆斯塔法下令开始炮轰他的下一个目标。他在一些洞穴里部署了朝向圣安杰洛堡的重炮炮位。

现在已经是5月下旬，夏季的炎热开始袭来。夜晚可能还有微微凉风从海上吹来，但是一到正午，烈日就狠狠地照射在四面楚歌的守军头上。希贝拉斯山上，土耳其劳工大军挥汗如雨，十四门火炮的掩蔽工事已接近完成，烟腾雾绕犹如海市蜃楼一般。堡垒的城墙正在慢慢地崩塌。路易吉·布罗利亚和他的部队与时间赛跑，只要城墙一有出现缺口的迹象，他们就赶忙在其后方再筑起一道防护墙。然而，就像海边堆起的沙堡被海水慢慢侵蚀掉一样，这座陷入重围的堡垒在不可避免地缩水。

在圣艾尔摩堡，守军的艰难处境由于敌军在希贝拉斯山最高处建好的胸墙和炮位而雪上加霜，守军现已暴露在直射火力

圣艾尔摩堡设计图

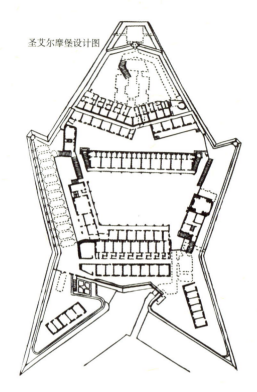

图 3　圣艾尔摩堡的设计图，最初由西班牙工程师
佩德罗·帕尔多于 1552 年设计

之下。起初匆忙修建堡垒时并未有时间建造一些地下坑道和掩护性地堡以方便守军在城堡内安全移动。从圣艾尔摩堡的中心向西南——海岬深处——望去，就可以看见土耳其人的防御土墙和黑洞洞的炮口。5 月 26 日晚，也就是炮击开始仅仅两天后，路易吉·布罗利亚派遣西班牙上尉胡安·德·拉·塞尔达乘小舟去圣安杰洛堡面见拉·瓦莱特。

　　布罗利亚打算告知大团长，圣艾尔摩堡由于脆弱的城墙而危若累卵，只有通过夜里增援才能续命。他非常担心业已遭受重创的守军。但是同时，他也知道这个堡垒难以被攻克。从海上（这一侧的陆地全是悬崖峭壁）攻击几乎不可能。从陆上（希贝拉斯山山坡）攻击是土耳其人唯一的取胜之道。路易吉·布罗利亚希望告诉大团长，只要手下还有人能操控火炮，自己就依然能守住堡垒。不幸的是，他派去传信的人不仅不适应围城的生死搏杀，还被过去四十八小时的狂轰滥炸吓破了胆。

第 10 章　近卫军

深夜，拉·瓦莱特正在召开议事会会议，身旁围着神圣议会的其他成员。从被围要塞而来的德·拉·塞尔达的到来自然扰乱了原定议程。所有人都急切地想了解圣艾尔摩堡的情况。大团长当即要求西班牙骑士报告当前形势。后来被骑士团的一名史官描述为"由于满心恐惧而滔滔不绝"的拉·塞尔达开始讲述守军和城防士兵的悲惨处境。摇摇欲坠的城墙以及精疲力竭的骑士和士兵，对抗土耳其人狂风暴雨般的火力打击毫无胜算——总而言之，圣艾尔摩堡已是噩运当头。

拉·瓦莱特的声音是冷冰冰的："骑士们认为城堡还能坚持多久？"

"大约八天，"西班牙人回答，"最多八天。"

大团长还记得罗德岛的塔楼和外围工事即使伤痕累累也坚持抵挡了敌人近六个月。像许多老兵一样，他很有可能对一个看起来似乎缺乏前人之勇气的小辈感到一种带着蔑视的不耐烦。

"你们的准确伤亡数字是多少？"他问道。

"圣艾尔摩，大人，"拉·塞尔达回答道，回避了这个问题，"就像一个病入膏肓的人，已用尽其气力，没有医者的帮助就再也活不下去了。"

"那么我本人就是你的医生！"大团长说道，"我会带其他人去，而且如果不管怎样都无法治愈你的恐惧，我们至少能保证城堡不会落到敌人手中！"

拉·塞尔达在议事会脱口而出的有欠思考之论令拉·瓦莱特勃然大怒。这位信使非但没有传达布罗利亚的尽可能多派些援军的合理请求，反而添油加醋地描绘了一番暗淡无光的前景。大团长当即决定，如果这就是守军的整体氛围，那么他们应当就地解散。他本人会带领一帮志愿者前去圣艾尔摩堡并坚守至最后。

无论那是他出于发自内心的恐惧，还是对布罗利亚求援要求的愚蠢表述，最终西班牙骑士发现自己成了众人嘲笑鄙夷的对象。一些大十字勋章骑士请求拉·瓦莱特不要轻信这位信使的一面之词。还有一些人指出，无论谁去解救圣艾尔摩堡，大团长本人应留守比尔古统领全局。其他人则再一次急切地志愿加入援军队伍。

当然，拉·瓦莱特是否严肃考虑过带领援军前去支援圣艾尔摩堡是存疑的。

但是，就如拉·瓦莱特在围城过程中屡次展现的一样，他是一个操控人们情绪的大师。他确切地知道何种语调和言辞能重振士气。不出三言两语，他就令众人相信拉·塞尔达不能被视为一个可靠的见证者；众多志愿者踊跃报名前往危险的岗位，剩下的问题就是挑选最合适的人去。最后，五十名骑士以及二百名西班牙士兵被选了出来并由骑士德·梅德兰（de Medran）率领。他们当即被派往摇摇欲坠的城堡。

在派出这些援军后，大团长继续进行议事会会议。他告诉议事会成员们，他知道圣艾尔摩堡陷落是早晚的事。但是整个战役的胜负都取决于这个堡垒能坚守多久。西西里总督已经承诺支援，但是正如他们所知，集结起一支大军并把军队运过马耳他海峡尚需一定时日。所以圣艾尔摩堡撑过的每一天都至关重要。

大团长讲话的时候议事会可以听到圣安杰洛堡的火炮为援军提供掩护，轰鸣作响。可能正是在那时，他们第一次真正理解，对于拉·瓦莱特来说永远不会有投降二字。这是一位颇具勇气和自我牺牲精神这类古典品性，而且对于信仰毫不动摇的人。天下虽大，除了马耳他岛骑士团却再无可退之处。炮火声的突然停息告诉他们援军已经下船，正通过崎岖不平的石路进入圣艾尔摩堡。

第二天凌晨，土耳其人的大炮重新开始轰击圣艾尔摩堡。其他被运到希贝拉斯山上的重炮则开始轰击圣安杰洛堡，瓦莱特总部的城墙上开始黄土飞扬。在炮击的掩护之下，土耳其工兵成功地把壕沟和保护工事向前推进。不久之后，守军只要在城墙垛口一露面，就会遭到近卫军神枪手的狙击。侵略者的士气还因为亚历山大港总督艾尔·劳克·阿里的到来而为之一振。他的四艘船运来了更多的军火和补给，以及一队专精围城工事的埃及工程师。

当天下午晚些时候发生了一起戏剧性事件。骑士团指挥官圣·奥宾（St Aubin）之前在巴巴里海岸执行侦察巡航任务，但他突然出现在岛的南面。他已经接到瓦莱特称土耳其人很可能在圣·奥宾返航之前就发动攻击的警告，并被通知要注意姆迪纳城堡的烟雾信号。圣·奥宾肯定注意到了岛上敌人的存在，因为隆隆的炮声数英里之外均可听见。即使这样，无所畏惧的他还是决心直趋大港湾，并且尝试穿过敌军舰船的封锁线为比尔古和船坞海汊的安全做点贡献。

舰队司令皮雅利当天被一块石头碎片击伤，他几乎难以相信一艘打着圣约翰骑士团旗号的船竟敢胆大包天地独闯他设下的巡逻线。"皮雅利帕夏认为这艘船的指挥官一定是疯了，于是决定派出六艘加莱船去对付这个基督教狂徒……"

圣安杰洛堡上的瞭望哨看见马耳他加莱船直接向大港湾的入口驶来。周围的阵阵烟雾表明第一艘土耳其加莱船已经开炮了。人们看到圣·奥宾在用舰艏炮还击。透过夏季海面上由于火炮的烟而变厚的雾气，圣·奥宾方才看见大港湾的入口处遍布敌军舰船。他猛然意识到已没有希望突破封锁，于是改变航线向北驶向西西里岛。

虽然皮雅利手下的六艘加莱船立刻展开追捕，但是圣·奥宾所在的拥有流线型船体的船让他们望尘莫及。只有一艘土耳其舰船勉强咬住了它的船尾。圣·奥宾在发现其他五艘敌船被远远甩开之后，忽然转身。这是当时海战中的一种经典把戏，而且马耳他骑士团屡试不爽。前进中的加莱船突然刹住，然后船身一侧的奴隶倒划，另一侧的奴隶全力稳住。这样这艘马耳他加莱船几乎可以在等同于它自身长度的距离范围内调转头来，而正在追赶的土耳其人忽然间发现，自己已经面对着转身吹响复仇号角的骑士团桨帆船且无路可逃。

土耳其船的指挥官穆罕默德（Mehemet）贝伊决定不再与这个捉摸不定的对手纠缠。他改变了航线，驶回大港湾，将圣·奥宾的船抛诸身后。伤病在身的皮雅利看完整场遭遇战之后暴跳如雷，感到自己在竞争对手穆斯塔法和其他指挥官面前大失脸面。彼时不同军种之间的竞争就如现在一样激烈，而皮雅利觉得穆罕默德贝伊的胆小如鼠让自己和整个海军蒙羞。这个倒霉的加莱船指挥官被带到舰队司令面前公开降职。皮雅利最后以向下属的脸上吐唾沫结束了训斥。

与此同时，圣·奥宾向西西里岛驶去。

现在已是 5 月下旬，圣艾尔摩堡本就被烈日晒得干裂的岩石在不间断的炮轰之下碎裂开来。土耳其炮兵仿佛借助了数学运算系统，精确地交替使用着铁质炮弹和石制炮弹。在选中城堡的一点或一个突出部之后，他们就连续不断地予以猛烈轰击。在征服了欧洲半数以上城堡的炮兵眼里，这个无关紧要的小岛上的小城堡实在是小菜一碟。马耳他，"这个无名小卒"，貌似不会给席卷波斯大地和东欧都城的土耳其人带来多少困难。

瓦莱特看到了圣·奥宾意图突破港湾封锁线随后又撤往西西里岛的行动。他也知道亚历山大港总督已前来支援围城者们。从前的围城经验告诉他，黑暗时刻已经来临，所有事情貌似都开始转为对守城者不利。然而，5 月 29 日凌晨，他高兴地听到圣艾尔摩堡枪炮齐鸣，守军突袭土耳其人。在马斯上校和骑士德·梅德兰的率领下，守军在黎明破晓之际冲出城门（吊桥已经被悄悄放下），夺取了土耳其人的前进阵地。

土耳其工兵一直在彻夜作业，这回被打了个措手不及。天还灰蒙蒙，恐慌在穆斯林队伍中蔓延。随着天空渐渐明朗，大团长和他的议事会，以及圣安杰洛堡上的哨兵急切地观察着，判断着双方的枪炮声、喇叭声和马嘶声所代表的战事走向。当他们看到土耳其部队从希贝拉斯山光秃秃的山头上退下来后，拉·塞尔达的拙劣表演给他们带来的焦急感不复存在，他们知道圣艾尔摩堡守军的士气依然很高，依然有能力对抗围城者。

随着逐渐升起的太阳给小岛涂上了粉色和金色，形势很明确，敌军部队行将崩溃。就在此时，从帐篷里出来确定警报来源的穆斯塔法帕夏判定该近卫军登场了。无论是来自攻击方还是防御方，在很多国家里的不计其数的战役中，总会有一个时刻响起吼声："近卫军前进！"这可能是为了造成敌军恐慌，也可能是为了在胜负两可间锁定胜局。近卫军就是专为改变战争走势的重要时刻而设计的部队。他们往往在两方相持不下时投入战斗，确保战争的天平倾向真主信徒的一侧。

"近卫军前进！"穆斯塔法下令道。

随着混乱不整的工兵们从一旁逃过，近卫军战士们不可阻挡地前进。溃散的人群自动分开为他们让路——很可能土耳其人的恐惧更多是来自近卫军而非紧追不舍的基督徒。长袍飘飘，头顶羽毛舞动，弯刀出鞘，闪闪发亮，近卫军展开队形前去迎击由马斯上校和德·梅德兰率领的骑士们以及西班牙部队。他们犹如滚滚波涛般杀进基督徒的队伍中。

近卫军，也被称为耶尼-切里或"新军"，是奥斯曼帝国最了不起的发明之一。"发明"这个称谓他们当之无愧，因为近卫军不同于已知历史上任何一种类型的士兵，可谓前无古人，后无来者。关于这支部队最不同寻常的一点就是这些士兵之中无一土耳其出生。所有人的父母都是居住于奥斯曼帝国境内隔离区的基督徒。每五年帝国全境都会进行一次普遍征兵，而所有基督徒男孩但凡年满七岁就要接受征兵检查。那些在体格上和智力上最有潜力的男孩会被带到君士坦丁堡。如果通过进一步考核——用历史学家 W. H. 普雷斯科特（W. H. Prescott）的话来说——

他们会被分到不同的地区并被安置到神学院，接受有关他们人生义务的教导。那些在力量上和忍耐力上最有潜质的年轻人被送往位于小亚细亚的专门为他们设立的营地。在这里他们会受到严苛的训练，进行自我禁欲，抛却身外之物，接受最严厉的纪律束缚以保证他们成为合格的职业士兵……他们的一生可以说是在战争中或是准备战争中度过的。由于被禁止娶妻，他们没有家人可以投入感情，就像基督教国家的僧侣和修士一样，只能专注于自己组织的事业……他们也为那些将自己与其他军队区分开来的特权而自豪，渴望通过严明的纪律和执行最危险最艰巨的任务时的干净利落来证明自己的荣耀得之无愧。

基督教家庭出身、斯巴达式养育，以及改宗后对伊斯兰教的狂热，使得近卫军成为历史上最令人着迷的军事集团之一。土耳其人似乎是对数个世纪之前在德摩比利（Thermopylae，温泉关）击败他们先祖的勇士难以忘怀，于是决定培养一种将东方的宗教热忱与西方的尚武精神融为一体的战士。近卫军就是这种战士，装备着弯刀、火枪和圆盾，被穆斯塔法帕夏派去还击基督徒的猛攻。

从圣艾尔摩堡英勇出击的突击队尽管寸土必争，仍然被迫缓缓后退。大团长站在圣安杰洛堡顶部观察战场，他眼前呈现出这样一幅景象：白色的长袍上下翻飞，直奔城堡而去。他虽然看不到近卫军头顶羽毛的扑动，但是他——这个终其一生与穆斯林战斗的男人——一定知道除了近卫军没有人能这样狂吼着投入战斗，不知疲倦地向前推进。

随着这些超级武士继续冲杀，守军后退了，且仅仅来得及撤退到城堡炮火能够向敌军开火以掩护他们的安全地带。地面上腾起厚重的烟雾。当天正吹着西洛可风（Sirocco），从西南方

向裹挟着南地中海所有的湿气而来。直到午后圣安杰洛堡的观
察者们和圣艾尔摩堡的守军才得以看清城堡前方光秃秃的山头
上发生了什么。当他们看清之后，他们意识到上午取得的初步
成果完全是白费力气。

　　一座原先还在基督徒手中的高胸墙之上，土耳其人的星月
大旗在微风中趾高气扬地飘扬着，该胸墙比三角堡的外部防御
工事还要高。近卫军不仅夺回了原先的壕沟，而且还在面对着
圣艾尔摩堡的有利位置巩固了自己的阵地。他们曾自夸"一个
近卫军的躯体只是他同袍突破城墙的垫脚石"，现在看来并非言
过其实。

第 11 章 图尔古特驾到

海上传来的枪炮声惊动了圣艾尔摩堡、圣安杰洛堡和圣米迦勒堡的守军，他们登上城头一探究竟。姆迪纳的高墙上，哨兵们在隆隆炮声中注视着东方。土耳其舰队似乎全员出动了！

舰队司令皮雅利打头阵，身后跟着至少八十艘土耳其战舰。他们沿着海岸，掠过大港湾最南端的盖洛斯角（Gallows' Point），直逼圣艾尔摩堡。每艘船会出列逼近浓烟滚滚的城堡，并在进行一轮齐射后归队。正在此时，哨兵注意到有其他舰船从东南方逼近。随后消息传开："图尔古特来了！"

骑士团在围城之初就从逃亡者和捕获的俘虏口中得知海盗头子要来的消息。现在毫无疑问，这支由 15 艘船组成、从北非方向逼近的舰队属于图尔古特——当代最负盛名的穆斯林水手、的黎波里总督。

舰队司令皮雅利为了给图尔古特留下深刻印象，特意在舰队排成队形去迎接这位杰出勇士之前安排了此次在圣艾尔摩堡附近的实力展示。但有伤皮雅利自尊的是，他手下舰队的射术还有太多要加以改进的地方。除了一小部分炮弹击中圣艾尔摩堡面向海面的城墙外，大多数炮弹都越过城堡落到远方土耳其人自己的营地里。还有一艘船被圣艾尔摩堡的火炮击中了吃水线，不得不被拖曳到海滩上搁浅。这次以展示海军实力为目的的武装游行根本没有达到让守军气馁的目的。不过图尔古特的到来则是另外一回事了。

图尔古特雷斯——或者用其更准确的土耳其名字托尔古德（Torghoud）——在参与马耳他围攻战的时候已经 80 岁了。他于 1485 年出生在小亚细亚半岛上的安纳托利亚，来自一个名叫查拉巴拉克（Charabalac）的小村子里的穷苦农民家庭。当他还是一个孩童的时候，他的聪明和个性给一位恰巧路过查拉巴拉克村的土耳其总督留下了深刻印象。总督大人将这个孩子带到了埃及并让他接受教育。学有所成之后，这个年轻人加入了马穆鲁克部队，成为一名投弹手。他成长为一名炮术专家并且在后来，像很多其他野心勃勃的年轻人一样，将视野转向大海以寻求出人头地的机会。

起先他应募成为一艘海盗船上的炮手，后来成了一艘出入亚历山大的小型桨帆船船主。从那时起，他的事业青云直上。大名鼎鼎的海盗头子巴巴罗萨对这个年轻人青睐有加，很快将图尔古特提拔为他的副手之一。为其勇猛无畏和精明狡诈所吸引，很多其他海盗也加入图尔古特麾下。很快，图尔古特就有了自己的船队。当巴巴罗萨于 1545 年去世后，图尔古特被公认为巴巴罗萨的继承者，并且是基督徒在地中海遭受苦难的罪魁祸首。他的成功业绩，无论是在陆地还是海洋，都使他无可争议地被穆斯林同胞誉为"伊斯兰的出鞘之剑"。对于基督徒中的沿海居民和船长来说，不言自明的是，巴巴罗萨的继承者比巴巴罗萨本人还要胆大妄为。

法国海军司令朱里安·德·拉·格拉维埃（Jurien de la Gravière）对于图尔古特有以下评价：

图尔古特比巴巴罗萨更胜一筹。他就像地中海的一张活地图，将科学与冒险精神相结合。没有一条海湾他不烂熟于心，也没有一道海峡他不曾扬帆涉足。他在筹划路线和设计方案上总是别出心裁；当情势险恶，周围的人都已绝望之时，他往往能以出人意料的方式安然脱身。他是当世无双的领航员，除了罗姆加骑士之外无人可在海战上与他匹敌。在陆上作战时他的老练指挥也不亚于查理五世和腓力二世手下最好的将军们。他深知俘虏生活的艰辛不易，所以对待他自己的俘虏也表现得很人道。无论从哪一个方面来说他都出类拔萃。没有人比他更有资格戴上"王冠"。

图尔古特对于马耳他群岛也是轻车熟路，因为在 1540 年到 1565 年之间他已掠袭这几个岛不下六次。在最后一次袭击中，他几乎掳走了戈佐岛上的所有居民。据传，这是他对之前他的兄弟在戈佐岛被杀而要塞守官又拒绝交出尸体的行为的报复。但是诸如此类的袭击与他这一生中惊天动地的大事比起来只能算是小插曲。他曾奔袭那不勒斯，洗劫卡斯特拉马雷（Castellamare）①，并且夺取了本属于骑士团的一艘加莱船，船上载有 70000 杜卡特。当他席卷科西嘉岛上的巴斯蒂亚（Bastia）港时，他带走了 7000 多名俘虏。当他攻击墨西拿海峡上的雷焦（Reggio）时，全部居民无论男女老少均被变卖为奴。当伟大的热那亚海军司令安德烈·多利亚（Andrea Doria）将他围困在北非的杰尔巴岛时，他想出一招瞒天过海之计，将他的舰船从陆上拖到岛上远离多利亚封锁着的海港的一侧，借助月黑风高之夜逃脱，还顺手俘获一艘满载物资的大船，而这艘大船原本要与热那亚海军司令会合。他的逃脱让多利亚沦为地中海的笑柄，如此奇耻大辱让多利亚永生难忘。而正是这位图尔古特于 1551 年从骑士团手里夺走了黎波里。

---

① 西西里岛上的海湾。

　　与拉·瓦莱特的经历相似，图尔古特也曾当过桨帆船奴隶。尽管有一段时间他与苏丹苏莱曼不和，但近些年来土耳其宫廷还是认可了他对的黎波里的总督管辖权。为示友好，苏丹赐予老海盗一把镶金的弯刀和一本嵌有宝石的《古兰经》。苏莱曼也曾命令两位指挥官，穆斯塔法和皮雅利要在所有事务上尊重图尔古特的意见并接受他的建议。

　　图尔古特从的黎波里带来了1500名精挑细选的战士，以及15艘载有围城火炮和弹药的舰船。作为一名有丰富围城作战经验的老兵——且他比两位司令官都更了解马耳他——他在围城方案已经尘埃落定后才到来对于骑士们和守军来说是一件很幸运的事。他在马萨姆谢特湾以北的一个名为圣朱利安（St Julian's）的小海湾登陆。皮雅利在那里迎接他，然后两人一道上岸，前去与穆斯塔法帕夏商议战事。与此同时，舰队在接收图尔古特从的黎波里带来的增援后，经过圣艾尔摩堡向南驶回马尔萨什洛克的锚地。

　　这一天的战况在经历海上炮火、图尔古特的到来以及海军对圣艾尔摩堡的炮击之后，又因为一次骑兵行动而增添了一笔色彩。马耳他骑兵队的两支小部队分别从比尔古和姆迪纳出发，在丁利村（Dingli）附近袭击了一支被派去围捕居住在西海岸的马耳他人（这些马耳他人大多数是农民，躲在西海岸蜂巢一样的洞穴中）的土耳其部队。马耳他骑兵趁土耳其步兵还在行军的时候发起攻击。这支土耳其队伍大约有四百人，半数被杀或被俘，其余的人四散溃逃。瓦莱特的骑兵骚扰策略再次奏效。

　　图尔古特由皮雅利陪伴着来到总司令临近马尔萨的议事大帐。穆斯塔法帕夏以最高规格接待了这位赫赫有名的穆斯林战士。苏丹的圣旨——大意是关于围城的所有重要事宜都要征询图尔古特的意见——被大声宣读，老海盗也并未有所讳言。

"在攻击任何主要据点之前，你们应当从北面封锁岛屿。你们为什么不首先攻下戈佐岛，进而夺取姆迪纳呢？这两个城堡的防御都已陈旧且不堪一击，应该能被轻易拿下。夺取它们后，阻止骑士团的信使船驶向北面的西西里岛就会变得很简单。攻占戈佐岛和马耳他岛北部也会使敌方援军难以登陆。至于圣艾尔摩堡——"他轻蔑地说道，"也就自生自灭了！一旦你们控制了岛的其余部分，就可以忽略它的存在。到那时你们就可以称心如意地攻击比尔古和森格莱阿了。"

图尔古特一眼就看出了后门大开的危险所在。当天传来的马耳他骑兵袭击（主要从姆迪纳发起）的消息更是佐证了他的意见——在试图进攻大港湾之前必须先拿下老城。穆斯塔法毫无疑问也感受到了这个建议的分量。他自己不是也曾经建议采取这样的战略路线吗？不幸的是，皮雅利，这个苏丹的孙女婿，仍然坚持必须拿下马萨姆谢特湾以确保舰队的安全。

皮雅利重申舰队的安全是首要的。"除此之外，"他为了自我辩护而补充道，"总工程师已向我们保证，圣艾尔摩堡撑不过五天。"

总工程师开始为自己的论点辩护，其他官员又摆出了自己的观点，图尔古特越听越不耐烦。在这一点上，他可能会与拉·瓦莱特达成一致：对于战争事务来说，小的议事团队远比大的高效得多。但是奥斯曼帝国的议事程序可不是这样的。东方观念里对血统的尊重，以及对官位的自尊，意味着土耳其人的大多数议事会议大而无当且烦冗拖沓。图尔古特意识到该由他出面去维护苏丹赋予他的权威了。

"攻击圣艾尔摩堡的行动已经开始是件非常令人遗憾的

事，"他说道，"但是，既然已经发生了，放弃也很可耻。"

损失掉更多人命总比失却不可替代的士气要好。

他立刻下令将四门重型火炮从他带来的船上卸下并安放在蒂涅角，从北面正对圣艾尔摩堡。那里距离城堡不超过 500 码，土耳其人的炮弹可以直接落在之前对于守军还相对安全的地方。炮位所在的荒凉山头从当日起即得名"图尔古特角"。

作为围城战专家和炮术大师，图尔古特深知从包围圈上多个点实施的密集火力打击最终会使城堡防御崩溃。他指出希贝拉斯山上的炮位已经设置得足够多足够好了，但都只是从一个方向——陆基城墙一侧或者说是西侧——对圣艾尔摩堡进行炮击。

"守城的这些人是听着炮声长大的。这点小打小闹吓不倒他们。我们必须动动脑子。"

他下令将另一个炮位快速转移到绞刑架之角（Punta delle Forche，也就是盖洛斯角①）——之所以得名如此是因为骑士团会在这里吊死海盗和其他罪犯。[进入大港湾后首先映入水手眼帘的经常是一些被太阳晒干的尸体在铁链上摇晃，现在这个地方坐落着里卡索利堡（Fort Ricasoli）。]希贝拉斯山上的炮位将额外增加五十门火炮。土耳其人在大港湾的岸边又重新建起一圈土木工事以保护新炮台免遭圣安杰洛堡的炮火袭击，另外还布置额外的火炮对骑士塔和三角堡形成交叉火力。圣艾尔摩堡将被不留死角地轰成碎片。

图尔古特立刻看出明显被穆斯塔法及其参谋忽视的要害。圣艾尔摩堡之所以能持续抵抗，是因为拉·瓦莱特能够从圣安杰洛堡派出援军在夜间乘船前去增援。

———————

① "盖洛斯"原文为"gallows"，在英语里同样意为绞刑架。

"切断他们的交通线，"他说道，"城堡就必然会陷落。"

正是出于这种想法他才下令在盖洛斯角设置炮台。但是骑士们的运气是如此之好，因为皮雅利不经意间又做了一回他们的盟友。皮雅利拒绝借出那些需要从他的船上提供的火炮，直到马萨姆谢特湾的安全能够得到保证。结果就是，尽管图尔古特在盖洛斯角设置了炮台，但是其火力不足以阻断圣安杰洛堡与圣艾尔摩堡之间的船只往来。

这些新举措体现了图尔古特的鲜明特点，因为在远离战场的议事大帐里是想不出这些实用法子的。尽管天色已晚，图尔古特还是坚持要去实地确认工程师和炮手提供的信息是否准确。他是实战出身，并非满足于纸上谈兵的军事理论家。即使已是80岁高龄，又在从的黎波里来此的船上颠簸数日，而且早晨还从圣朱利安湾策马奔至马尔萨的议事大帐，他仍坚持要深入基层部队。他决意从现场执行人员的角度观察作战行动。

"还有一件事，"他总结道，"三角堡——也就是城堡的外围工事——必须不惜一切代价攻下。这个任务就交给近卫军了。"

听闻图尔古特要来视察他们的工作，土耳其炮手加倍努力地工作。在落日余晖中他们发射出一轮又一轮的炮弹轰击着圣艾尔摩堡的城墙。欢呼声、炮响声，以及希贝拉斯山上闪耀着的灯火使得大团长和圣安杰洛堡的守军们知道某个极其重要的大人物已经驾到。

只能是图尔古特。只有图尔古特，而不是总司令或者舰队司令皮雅利，会拒绝回到丝绸缝制的帐篷里享用晚餐，安然就寝。图尔古特把自己的住所搬到希贝拉斯山上的战壕里，与士兵们同甘共苦。在那里，他驻扎下来，用过晚餐，在硝烟弥漫和蜥炮轰鸣的战场上休息。

第 12 章　"爆发中的火山……"

很显然，从图尔古特抵达的那一刻起，土耳其部队得到了协调统一的指挥。不出一天，城堡经受的火力就增大了一倍。守城者还可以从盖洛斯角和蒂涅角的敌军活动判断出，新设的炮台很快就会运作起来。城墙上开始出现缺口，而且当守军试图在破损城墙后面搭建新护墙时，新护墙也被轰得砖瓦迸飞。他们可以预料到，大规模进攻很快就要开始了。

巴尔比·达·柯勒乔，前文中的那位西班牙雇佣兵，作为圣米迦勒堡守军的一员全程参与了围城战，并为我们留下了目击者记录。他描述圣艾尔摩堡在这些日子里"就像爆发中的火山一样，喷出火焰和浓烟"。佩佩·迪·鲁沃（Pepe di Ruvo），一名在城堡里殉难的那不勒斯骑士，曾留下记录称，他数了一下土耳其人发射的炮弹数量，"在大多数日子里，平均有不少于6000～7000发炮弹落到了圣艾尔摩堡"。

现在已经是 5 月末，气温上升到 80 华氏度。夜晚静谧无云，日间岛上轻云缭绕。酷热和干渴是守城者的额外负担。伤者血汗淋漓地躺在任何有一丝阴影的地方。浸过酒和水的面包放在他们的唇间。补给队在各个哨岗之间兜圈子，而修补队在城墙间忙碌。补给队将食物和水直接给修补队带过去，这样就节省了修补人员就餐的时间。圣艾尔摩堡的护城壕沟里自近卫军发动攻击以来堆积着敌我双方的尸体，而现在这里的腐尸开始变得恶臭熏天。希贝拉斯山荒凉的山坡上有如蒸笼，而比尔古和森格莱阿南面的山脊也被烈日炙烤着。

酷热的天气对守城者与围城者一视同仁。土耳其人的状况也没比骑士们和马耳他人好多少，且土耳其人饱受水源短缺之苦。尽管他们已经净化了马尔萨地区的水潭和水井，但正在军中肆虐的痢疾很有可能就是水源问题导致的。从 6 月起疾病对他们的折磨攻势越来越凶猛，以致他们被迫在马尔萨地区搭建起数百座帐篷来安置病人。

拉·瓦莱特有十足的理由对当前的围城态势持悲观态度。在图尔古特到达并接手指挥对圣艾尔摩堡的进攻的一天后，一艘小船成功突破封锁并将一名信使送上岸。但是信使给大团长带来的消息是近期的增援毫无指望。西西里总督在信里说道，岛上的每一座要塞都守得越久越好。组建援军现在看来是一项艰难且缓慢的工作，而堂加西亚在寻找合适的运输船上也捉襟见肘。他再一次要求大团长将圣安杰洛堡后方和船坞海汊里的加莱船送到西西里。

当天是 5 月 31 日，耶稣升天日，拉·瓦莱特将此信读给他的议事会听。当然，他根本就不想将剩余的加莱船派出大港湾。他早已向堂加西亚指出他无法承受由于为加莱船配齐船员而造成的人力损失，而且也不可能有加莱船可以突破封锁。至于那些由马耳他渔民作为船员和导航员的小船能够摆脱封锁则是另一回事，因为这些渔民对于自己安身立命的海岸、浅滩和海湾了如指掌。

"现在我们都清楚，"瓦莱特说道，"我们不能等着由他人来解救我们！我们只能依靠上帝和我们自己的利剑！但是这不应成为我们气馁的理由。相反，了解自身的真实状况远胜于被似是而非的希望蒙蔽。我们的信仰和我们团体的荣耀就在我们自己手中。我们将屹立不倒。"

在他给西西里总督的回信中，拉·瓦莱特再一次指出将加莱船派往墨西拿不可行，反而要求将骑士团在墨西拿的加莱船以及所有近期从欧洲各地抵达墨西拿的骑士和军士派回马耳他。他乞求堂加西亚将所有能派的人都派过来。圣艾尔摩堡的损失与日俱增，而持续前来增援的守军正在逐步消耗圣安杰洛堡、圣米迦勒堡和比尔古的防御力量。尽管如此，他仍然决定尽可能持久地将增援行动继续下去。每天晚上，圣艾尔摩堡的伤员也会被转移到比尔古的医院。

白天进行小船运输是再也不可能的了。直到夜幕降临，船才能驶离圣安杰洛堡，穿过半英里水路到达圣艾尔摩堡下方的登陆地点。尽管他们尽可能地做到悄无声息，但是船桨在仲夏夜里波光粼粼的流水中的动作还是将他们的行踪暴露给了高度警觉的土耳其人。有一回，土耳其人乘小船悄悄地从盖洛斯角附近的海湾里溜出来并截击了援军的船队。一场小型海战爆发了，在此过程中一艘马耳他小船不幸沉没。而在第二回攻击中，土耳其人自己也吃了大亏，损失了两艘小船。自此之后，土耳其人就满足于仅用枪炮攻击增援船只。

6 月 3 日是教历上的圣艾尔摩纪念日，从这天早晨起图尔古特在蒂涅角新增设的炮台开始轰击城堡。圣艾尔摩堡的主保圣人经常被与一种叫作"圣艾尔摩之火"的自然现象联系起来。这是一种因静电而出现在桅杆上的蓝色闪光，且伴随着数码之外都能听到的滋滋响声，它被认为是圣徒在对这艘船显灵保佑的象征。在圣艾尔摩日，似乎圣徒的确降临在了以自己命名的堡垒上。整个星形棱堡被笼罩在浓烟和爆裂声中，守军的炮火如同闪电一般在城墙上游走。

在先前夺取的外崖上，近卫军设立了前卫，他们的火绳枪的火力既准又稳。近卫军战士们大声回应着阿迦长官，称前方正在扩大的城墙缺口足够他们进行冲锋了。图尔古特警惕地守在前方战壕里，观察着还有多久会出现可以对三角堡发动大规模进攻的机会。正如他在首次商议时告诉穆斯塔法帕夏的那样，他认为必须尽快拿下圣艾尔摩堡的外部工事——无论付出多少代价也在所不惜。他知道，只要三角堡落入土耳其人手中，城堡注定会被攻陷，只不过是多少天的问题。他看到基督徒的士气依旧很高，而且还击火力又准又狠。只要基督徒发现土耳其部队正在集结准备进攻城墙缺口，还击的炮火就会立刻落在密集的人群中。"时候未到。"图尔古特自言自语道。在发现良机之前他不想无谓消耗苏丹的这支百里挑一的精锐部队。

正当上午的炮火使得营地四周硝烟弥漫的时候，图尔古特觊觎已久的三角堡居然由于意外事件而非周密计划落到了他的手中。一队被派往前线去报告圣艾尔摩堡城墙状况的土耳其工程师决心侦察一下三角堡。这个从西北角拱卫着城堡的外部工事已经被土耳其人的火力严重毁坏。他们发现三角堡的防御已经十分脆弱，而且即使他们已经潜伏到城墙下方，也没有哨兵发现他们或火枪手向他们射击。看起来三角堡被遗弃了。小队的一员踩在战友的肩膀上，穿过了一个低矮的垛口。映入他眼帘的只有一些疲倦至极而在呼呼大睡的士兵。小队安静而又快速地折回土耳其阵营并向图尔古特和穆斯塔法帕夏报告三角堡几乎已被遗弃。没有哨兵站岗，它应该很容易被拿下。

关于为什么这个对圣艾尔摩堡最为重要的外部工事会在黎明破晓的危险时刻处于这样一种状态——一般这个时刻总会有人警醒地站在城墙上提防进攻——后世的历史学家多有争辩。

他们的猜想臆测是徒然的，因为没有记录留存下来解释具体发生的事。即使是巴尔比，此次围城战中最可靠的目击者，也只是提供了一个没有把握的猜测（他本人在大港湾另一侧的圣米迦勒堡值勤）。可能是本应该在三角堡上巡逻的哨兵睡着了。更有可能的是一发土耳其狙击手射出的流弹恰好杀死了正在值勤的士兵，而他的同伴由于沉睡没有发现他已阵亡。

在接到这一情报的几分钟之内，近卫军前卫就受命从外崖一跃而出。在清晨的曙光中他们身着白色长袍向前疾行。攻城梯被架到三角堡城墙上。他们翻过墙头，杀声震天。还在熟睡的士兵这才惊醒过来，哨兵也赶忙发出警报，但已为时过晚。在做出有效抵抗之前，守卫们或是被火枪打倒，或是被砍成碎片。三角堡的守军几乎全军覆灭。

三角堡和城堡本身由一座木桥连接，顺着这座木桥几个守军幸存者逃入圣艾尔摩堡。在这座桥上又展开了一场恶战，近卫军从攻陷的三角堡里冲出，试图在城门关闭之前杀入城堡中。兰弗雷杜奇（Lanfreducci），一名来自比萨的骑士，指挥着保护城门的两门火炮。在他的基督徒战友撤入城堡的同时，他向近卫军的前队开火，成功地阻止了他们的前进，吊门得以顺利关闭，而幸存者也得以逃生。

土耳其部队仍然大举压上，一些士兵直接冲到吊门前并开始透过格栅向里面的敌人射击。

"伊斯兰雄狮们！"一名托钵僧在激励他们，"现在就让真主之剑把异教徒的灵魂从身体剥离，劈开他们的躯干和头颅！把精神从物质中解放出来！"

无视炮弹在队伍中间炸开的一个个缺口，近卫军沿着木桥冲锋并开始将云梯架到城堡的城墙上。由于负责向兰弗雷杜奇的火炮供应弹药的骑士阵亡，守军火力暂时停止，土耳其人得以将梯子固定好并开始攀登。他们的头顶上，守军已经在手里准备好了火枪。现在他们将围城战的各种发明都施加于攻击者身上。"'野火'、喇叭筒和火圈被发射到白袍子的土耳其人身上……"

就是在这种敌人兵临城下的关键时刻，现代火焰喷射器的先祖被发明出来。"野火"（wildfire），或者有些时候也被称为"希腊火"（Greek fire），自从古典时代便已经被应用到战争中。然而，直到十字军运动兴起，这种易燃混合物的制造工艺才全面发展起来。它的具体配方因人而异，而且很多配方在当时都是机密。它基本上由硝石、捣碎的硫黄、沥青、未经提炼的氨性盐、树脂和松节油混合而成。这些混合物被装入易碎的薄罐子里（按照历史学家博西奥的说法，其"尺寸大小正好适合一个人的手掌并且可被扔出 20 ~ 30 码远"）。按照这种方法使用的"希腊火"实际上就是一种杀伤性武器——苏联人和游击队在二战中使用的"莫洛托夫鸡尾酒"（Molotov Cocktail）① 的前身。它罐口狭小，并且用亚麻布或厚纸片封住，再由浸过硫黄的绳索绑住，绳索的四个末端松开。在一罐"希腊火"燃烧剂被扔出之前，绳索的一端或所有末端会被点燃，以确保当罐子碎裂开来的时候，点着的引信可以将其引爆。

喇叭筒（Trump）是由木头或金属制成、固定在长杆上的空心管子。与燃烧剂罐子一样，喇叭筒里装填着一种易燃混合物，只不过这种混合物因为添加了亚麻籽油或松节油而含有更多的液体。"当你点燃喇叭筒之后，"一位专家写道，"它会大声咆哮着喷射出金蛇狂舞般的熊熊火焰，火焰有好几码远，且

① 土制燃烧弹的别称。

持续时间很长。"喇叭筒的名字源自点燃它时发出的尖厉轰鸣声。一种缩小版的喇叭筒会被装在一支长矛上。这种武器依靠更巧妙的装置：当它快要燃尽的时候，会继续点燃两个装有火药的铁制或铜制小管并发射出铅弹。

当近卫军试图攻上圣艾尔摩堡城墙的时候，他们立刻陷入了枪林弹雨，其中夹杂着守军赖以自保的火枪弹、石块以及倾倒出沸腾沥青的大锅。土耳其人穿着的宽松长袍尽管适合夏天的炎热天气，但对于直面火焰的士兵来说是最糟糕的制服。攀爬城墙的士兵们如同人形火炬一般掉到城堡下的壕沟里。肉体燃烧的气味弥漫在空气中。

从黎明到午后，桥上和圣艾尔摩陆基城墙处的恶战一直在持续着。成捆的羊毛、稻草和泥土被土耳其人扔到三角堡与堡垒之间的壕沟里，以便更加容易地攻上城头。很快，所有这些材料都被"希腊火"烧尽。星形堡在一片硝烟和火焰中屹立不倒。

近卫军已经等待了很多天，终于在这个上午等到了可以让他们一展身手的机会。穆斯塔法帕夏派出了一队又一队苏丹最精锐的战士去冲击圣艾尔摩堡千疮百孔、被火烧得漆黑的城墙。土耳其人损失惨重，因为胸墙后面的守军利用圣约翰骑士团在长达四个世纪的战争中掌握的所有武器装备进行反击。比"希腊火"和喇叭筒更厉害的是火圈——这一发明被历史学家韦尔托特（Vertot）归功于拉·瓦莱特，但是巴尔比将其归功于骑士团的一名弟兄——拉蒙·富图尼（Ramon Fortunii）。

［这些火圈］由最轻的木材组成；木条首先被浸入白兰地中，然后被擦满油，随后被浸泡过其他易燃液体且混杂着硝石和火药的羊毛和棉花包住。待冷却后，这个过程

又被重复数遍。在战斗中，这些火圈被点燃，后被钳子挑起扔到前进的人群中。一个火圈能套住两到三个士兵……

这些火圈作用在穆斯林宽松平滑的轻质长袍上的效果是毁灭性的。土耳其人对圣艾尔摩堡第一次总攻的失败在很大程度上是拜这些火圈所赐。

当穆斯塔法最后叫停进攻时，据估计他损失了将近两千人，大部分都是近卫军前锋中的精华。守军仅仅损失了十名骑士和七十名士兵。如果只从表面上看，胜利可能要归于圣艾尔摩堡守军，但事实上单是三角堡的丢失就值得土耳其总司令押上两千条人命。他在离城堡很近的距离内巩固了阵地，而且从这个位置他可以用火炮压制圣艾尔摩堡的内部。

甚至在城墙下激战正酣时，土耳其工兵和从加莱船上征调的奴隶们就开始执行将三角堡变得坚不可摧的任务。人和牲畜拉起了长队缓慢地将更多火炮拉上希贝拉斯山。近卫军刚刚撤退，盖洛斯角和蒂涅角的火炮就再次开始不间断的炮击。

这一天快要结束的时候，一位奥弗涅骑士，阿贝尔·德·布里德尔·德·拉·加尔达普（Abel de Bridiers de la Gardampe），被火枪击中且受了致命伤。当战友们跑去帮助他时，他将他们赶了回去，还说："不要把我算到活人里。你们最好把时间用到看护其他兄弟上去。"

炮声轰鸣，"火雨"从城墙上倾盆而下，而近卫军的攻势一浪高过一浪。拉·加尔达普拖着脚步来到圣艾尔摩堡的礼拜堂。在那个下午，当骑士们走进礼拜堂，为看起来几乎就是一场胜利的战况而感谢主的时候，他们发现这位奥弗涅骑士倒在了圣坛脚下。

第 13 章　死刑判决

"被夺去外围工事的圣艾尔摩堡犹如一根孤零零光秃秃的树干，暴露在狂风暴雨中……"现在土耳其人已经占领了三角堡，他们开始在其后方和上方构筑起高台厚垒。一旦这项工程完成，整个圣艾尔摩堡的内部将被一览无余，而且他们可以直接居高临下地向守军开火。

如此日复一日，随着土耳其人的火力日益凶猛以及大土坡的高度慢慢超过三角堡，守军的状况也不断恶化。科佩尔元帅在受命去圣艾尔摩堡视察状况后报告说，不可能将敌人从三角堡驱逐出去。他们以庞大的军队把守着占领的阵地，从圣艾尔摩堡再次向他们发起突袭一点成功的机会也没有。元帅还报告说，他认为只有通过每夜继续向圣艾尔摩堡输送援军才能守住城堡。

6 月 4 日破晓前大约一个钟头，一叶小舟突然从海上的薄雾中出现并快速冲向圣艾尔摩堡。正当哨兵准备开火时，船尾站起一个身影并大声喊道："萨尔瓦戈！萨尔瓦戈！"

他的声音被听到而且这一名字被守军认了出来。这是一名骑士团的骑士，拉斐尔·萨尔瓦戈（Raffael Salvago），与他同行的还有西班牙上尉德·米兰达（de Miranda）。后者是一名远近闻名的战士，受堂加西亚之命从西西里专程前来检查圣艾尔摩堡的总体防御状况，并且将总督的最新信件带给拉·瓦莱特。由骑士团留在墨西拿的两艘加莱船护送，他们成功地摆脱了土耳其人的封锁，然后在离圣艾尔摩堡很近的地方放下了小船。两艘加莱船见萨尔瓦戈和米兰达已向海岸划去，便转身回西西里岛了。这两艘船虽然可以离海岸再近一些，但是没有必要在围城战如此激烈的时刻为皮雅利的舰队奉上大礼。

在城堡东边的一个小海湾登陆后，萨尔瓦戈和米兰达离登上圣艾尔摩堡只有几步之遥，因此两人告诉船夫在他们视察防御的时候等候他们。天亮之前，他们必须穿越大港湾把堂加西亚的信带给大团长。经过一次快速的巡视之后，他们发现守军的状态几乎毫无希望。

> ……令人难以容忍的疲惫感与日俱增，夜里的大部分时间被用来将尸体的残肢碎肉埋入胸墙，这些不幸罹难的守城者被敌方炮火轰成碎片；战斗岗位对士兵来说毫无振奋之感，只是他们机械地睡觉和吃饭以及进行其他生理活动的地方；武器寸刻不得离手，随时准备作战；白日间暴晒在炎炎烈日之下，黑夜里还要忍受寒冷潮湿之苦；各种摧残，从火药的爆炸、烟雾、灰尘、"希腊火"、铁片和石块、排枪射击，到火炮的密集轰击、营养不足或疾病，使士兵们变得"面目全非"以至于彼此都认不出来对方。有些人因为受的是看起来不是很严重的小伤而耻于退出战场，而实际上这些伤可以致命；有些人的骨头错位或被粉碎；有些人铅灰色的脸由于骇人的伤口溃疡而变得瘀紫青肿；有些人由于跛足而悲惨地步履蹒跚；还有些人可怜地被绷带包紧了头部，胳膊也打着绑带且以奇怪的形状扭曲着——这些惨状随处可见，几乎就是守军的全貌，与其说他们是活人，倒不如说是行尸走肉。

　　大港湾的水面开始焕发光芒，圣安杰洛堡的巨大身影渐渐在正在苏醒的天穹之下显露出来，萨尔瓦戈和米兰达回到他们的小船上并驶向比尔古。尽管受到了土耳其哨兵和枪手的射击，他们在损失一名船员之后还是成功抵达比尔古。他们在圣艾尔摩堡的所见所闻使得他们坚信，要是没有数量可观的生力军支援，城堡根本没有希望守住。如果有援军，米兰达感觉城堡还可能再多坚持几天，但最多也只是几天。米兰达尽管知道自己注定会牺牲，仍义无反顾地要求立刻返回圣艾尔摩堡协助守军指挥官德·瓜拉斯为最后的坚守做必要的准备。

　　骑士萨尔瓦戈和德·米兰达上尉还有更糟糕的消息要告诉大团长。他们从堂加西亚那带来的信里说总督将在 6 月底之前派来援军——他给的确切日期是 20 日——但前提是大团长将骑士团的加莱船从马耳他派过去。堂加西亚因为其行动拖延而受到诸多历史学家的严厉批判，这些批评不无道理。在与拉·瓦莱特的往来通信中，他已经被准确细致地告知无法将加莱船派往西西里岛的原因。圣·奥宾（他已经尝试用自己的加莱船去突破封锁）也已经告诉了堂加西亚进入大港湾是不可能的。既然如此，堂加西亚怎么还能指望更困难的行动——也就是加莱船冲出封锁——会成功呢？

　　堂加西亚对拉·瓦莱特手下有多少人马一清二楚——从最开始就只有 9000 人。他也知道，即使只配备标准船员的半数，这些加莱船也会占用数百人，而对于深陷围困的城堡来说，每一个人都是不可或缺的。作为夺取了戈梅拉岛的胜利者，堂加西亚是一个富有经验的老兵。毫无疑问，将加莱船派往墨西拿作为增援马耳他岛的条件一说，不过是他在为自己的行为找一个借口而已。

尽管没有文字记录来解释总督的行为缘由何在，但是有一系列因素有助于理解。作为西西里总督，他要为腓力二世在地中海上最重要的领地负责。他肯定已经意识到苏莱曼进攻马耳他很有可能是攻略西西里和那不勒斯王国的序曲。如果堂加西亚派出的舰队和援军力量不足——而且如果他们在海上就被摧毁，或是在岸上被击败——西西里就会门户洞开。这样一来，土耳其舰队将马耳他抛之脑后，然后在锡拉库萨的南部和帕萨罗角附近登陆就只不过是几个钟头的事了。如果他所有可用的兵力和船只都在草率救援马耳他的行动中损失掉的话，西西里的陷落也就不过是几周的事。这样看来，堂加西亚在援军实力变得绰绰有余之前不情愿派出增援也就可以理解了。很多骑士团的史官，从 16 世纪的博西奥到 19 世纪的塔弗（Taafe），决意将堂加西亚描绘为一个恶人或胆小鬼。但他不过是小心谨慎罢了。

在给堂加西亚的回信里，拉·瓦莱特强调援军的数量不应多于 15000 人，这样才会比较容易在马耳他岛西北部的海湾姆贾尔或艾因图菲哈登陆。他指出，每天晚上他都会派出最多 200 名生力军增援圣艾尔摩堡，但这种消耗比尔古和森格莱阿资源的做法已经难以为继了。他乞求堂加西亚无论如何拨给他 500 士兵，这些人可以用之前送来米兰达和萨尔瓦戈骑士的那两艘加莱船运过来。

当天已经是 6 月 4 日，如果堂加西亚的话可信，大团长只要再坚守 14 天就可以获得增援。幸运的是他不仅耳清目明，还从不偏听偏信。

拉·瓦莱特同意了米兰达带领援军返回圣艾尔摩堡的请求。当夜，西班牙人和一些自愿的骑士，以及 100 名士兵被渡船运

往在劫难逃的城堡。圣艾尔摩堡由于这次输血行动又有了一丝
喘息之机。

土耳其人的炮火是如此密集，用当时的人的话来说，看起
来"他们决意要把城堡化为齑粉"。在城堡北侧，马斯上校和
他的队伍在破碎的城墙后筑起护墙的速度有多快，那么图尔古
特在蒂涅角设立的炮台将护墙轰垮的速度就有多快。在面向三
角堡和土耳其炮兵主阵地的一侧，城墙化为一堆破碎的废墟，
犹如雪崩一样滑落，填满了其脚下的护城壕沟。注意到这一侧
的危险性在逐步上升后，守军成功地将连接三角堡与堡垒之间
的吊桥爆破。但是他们绝望地看到，土耳其工兵夜以继日地工
作，以将三角堡和圣艾尔摩堡之间的壕沟填满。

在临时堆砌的护墙后，以及用树枝、泥土和草垫拼凑起来
的防御工事里，守军从一个地方爬行到另一个地方。穿越城堡
内的开阔地已不再安全。6月7日，周四，借助由从船上拆下
来的桅杆和桁梁做成的桥，土耳其人发起又一次登城行动。他
们在展开进攻前先进行了一次密集的火炮齐射，让守军根本无
法留在城头。陆基一侧的城墙也有部分出现了缺口。在这次炮
轰过程中，整个城堡战栗摇晃犹如风暴中的一叶扁舟。在圣安
杰洛堡的瞭望哨看来，圣艾尔摩堡的最后一刻似乎已经到来。
浓烟尘土在海岬上腾起久久不散；被城墙反弹的炮弹呼啸着冲
向天际又落入海里；大批石块从堡垒上崩落下来，顺着东侧陡
峭的岩壁滑下，撞入大港湾中。如此狂轰滥炸之下如果还有人
能生存下来，那就是一个奇迹。

然而，当进攻打响，近卫军从三角堡冲下并且穿过快被填
满的护城壕沟时，迎接他们的是一阵弹雨和燃烧类武器。喇叭
筒尖鸣咆哮着，易碎的燃烧罐在前进的队伍中炸开，还有火圈

当头而下。它们在地上弹跳游走，犹如被邪灵附体的玩具般蹦跳，并在落下时紧紧咬住敌人。

随着攻势减弱，撤退的信号被发出。随后毁灭性的炮火再次降临圣艾尔摩堡，如此之猛烈以至于守军既无法为大炮配备人手也无法对撤退中的土耳其人采取任何行动。看起来希贝拉斯山上所有大炮都在同一时间开火，而西北侧的城墙也受到图尔古特设在蒂涅角的炮台同等程度的轰击。最后一次炮击给正在崩塌的堡垒带来的损坏超过了以往任何一次。路易吉·布罗利亚、德·瓜拉斯和米兰达一致得出结论——堡垒再也没有希望守住了。有些地方的缺口之大，足够敌人直接冲进来。土耳其人的坑道和矿工部队在日间攻击的掩护下一直作业，尽管由于圣艾尔摩堡所在之处的岩石甚为坚固而受挫，但是他们也为堡垒的损毁做出了应有的贡献。城堡里的骑士塔损坏状况极为严重，已失去了其用处。

于是，在会议结束之后，圣艾尔摩堡的高级军官们决定派德·梅德兰作为代表，当夜就去面见大团长。德·梅德兰说的任何一句话都无可置疑。这位无畏的战士自从围城战开始后一直战斗在最前线。（这里顺便提一下德·拉·塞尔达，这个曾"由于恐惧反而变得饶有口才"的人现在待在圣安杰洛堡的地牢里。在他与拉·瓦莱特和议事会第一次不愉快的见面后，他返回圣艾尔摩堡，然后负了伤。在他与其他伤员一起被运回医院检查后，医生公布了他的伤势："只是划伤。"拉·瓦莱特立刻下令将此人监禁。在围城战期间，一个人只要还能够站起来就不算受伤。）

大团长和议事会以最高的敬意接见了骑士德·梅德兰。骑士的主要观点就是城堡的防守已难以坚持，现在试图守住它无异于浪费有价值的生命。幸存的骑士和士兵们对于加强比尔古和森格莱阿的防御会更有用处，因为下一轮打击肯定会落在这两地。更何况，如果要试图继续守住圣艾尔摩堡，那么就只有再加派援军才能做到——这本身将会继续消耗比尔古的人力资源。他的结论是，应当立刻撤离圣艾尔摩堡，炸掉它，然后将其守军整合到两个主要据点的守卫力量中。

他的观点合情合理，议事会也因之分为两派，很多年长的成员都同意德·梅德兰的分析。然而，没有时间犹豫不决了。最后是大团长凭独有的声誉和人格魅力逆转了局势。这位被描述为"他的力量在于超乎常人的勇气，以及他所激起的敬意甚至恐惧"的大团长依然镇定自若，外表上看去丝毫不为所动。

大团长第一次告诉议事会，西西里总督宣称如果圣艾尔摩堡陷落，他不会拿他的舰队冒险。拉·瓦莱特还告诉议事会堂加西亚传来的最新消息——他会在 6 月 20 日率军来援。而现在只是 6 月 7 日周四的晚上。

"当我们加入骑士团的时候我们已经宣誓效忠，"拉·瓦莱特说道，"我们还做出了骑士精神的誓言，随时随地，只要受到召唤，就为信仰献身。我们在圣艾尔摩堡的弟兄们现在就要做出这种牺牲。"

要求同袍去牺牲比亲身赴死需要更大的勇气。议事会的成员都知道，一旦形势需要，拉·瓦莱特就会一马当先，冲向缺口。大团长的观点——马耳他岛上的任何一座城堡，一个接一个，都要守到只有最后一个人和最后一堵摇摇欲坠的城墙为止——被大家接受了。只有每一个可以防守的据点都坚持到最后，骑士团才有生存的机会，才有希望最终将土耳其人逐出马耳他。

"贵族义务"① 这个词语当时仍然大有深意。如果骑士们自命高贵并享有特权，他们就要接受这个事实：他们的特权的正当性来源于他们在承受召唤时能牺牲一切的意愿。当大团长说出不得撤退这句话时，这就意味着他对梅德兰和守军们下达了死刑判决。

骑士德·梅德兰带回了 15 名骑士志愿者和 50 名姆迪纳守军中的士兵。他们穿过大港湾暗淡无光的水面来到圣艾尔摩堡。

---

① Noblesse oblige，即位高则任重，一个人从社会得到越多的财富、越高的地位和声誉，他就要对社会负上更大的责任。

第14章 圣艾尔摩堡，6月8日

6月8日午夜，大团长接待了一名不速之客——一位不受欢迎的信使。圣艾尔摩堡整日都在蒙受炮击，这天下午大团长目睹土耳其人对这座英勇的城堡又发动了一次猛攻。这次攻击的持续时间超过了六个小时，直到日落土耳其人才收手。圣艾尔摩堡又一次在风雨飘摇中坚挺下来，如同一艘在想要吞噬它的大海上挣扎的小船。现在，午夜时分，来了一名意大利骑士维特利诺·维特莱奇（Vitellino Vitelleschi），他从圣艾尔摩堡守军那里带来了一封密封的信。拉·瓦莱特打开这封信，在议事堂昏黄的烛光下读了起来。随着圣安杰洛堡的炮兵向希贝拉斯山以及图拉古特在盖洛斯角的炮位开火，烛光也不时地在摇曳。

最为杰出和广受尊敬的阁下 [他读道]：

当土耳其人在此登陆的时候，阁下命令我们所有骑士在此集合并保卫城堡。我们以最赤诚之心去执行命令，而到现在我们已做了所有我们能做的。阁下您也对此知情，且我们从未因疲劳或身处险境而有过丝毫懈怠。但是现在，敌人已将我们削弱到既不能对他们造成损伤，又不能守卫好我们自己的状态（因为他们已经占领了三角堡和护城壕沟）。他们还架好了直达我们堡垒的桥，并将地道挖到了城墙下，随时都能将我们炸上天。他们还扩建了三角堡，以至于我们的任何在自己岗位值勤的人都逃不了被杀的命运。

我们无法安排哨兵监视敌军，因为哨兵被狙击手射杀是分分钟的事。我们的困境还在于无法利用城堡中央的空地，已经有好几个人死在那里。我们除了礼拜堂之外再无其他掩蔽之处。我们的队伍士气低落，长官也无法使士兵们再登上城头坚守岗位。由于确信城堡终将陷落，士兵们现在准备通过游泳逃生。既然我们再也无法继续有效地履行骑士团成员的义务，我们决定——如果阁下您今晚不派船来接我们撤退的话——向外突围并按照骑士应当做的那样战斗至死。不要再增派援军了，因为来了也与死人无异。这是我们所有人最坚定的决议，阁下您在信的下方可以看到我们的签名。我们还要通知您土耳其人的小船已经蠢蠢欲动了。我们通过此信表明我们的心意，并亲吻您的手，这封信我们也留了复件。

圣艾尔摩堡，1565 年 6 月 8 日

信后附有五十三个签名

这不是哗变，而且无论从哪一方面来说这些骑士的行为都算不上怯懦。由于饱受连续轰炸的痛苦折磨，他们决心在对敌人进行孤注一掷的攻击中光荣战死，这总好于像待宰羔羊一样在屠场里引颈受戮。这些签名来自比较年轻的骑士，德·梅德兰返回后传达的不得撤退的指示让他们很不好受。

他们来信的用意是不是逼迫大团长将他们撤出圣艾尔摩堡我们永远不得而知。他们的名字没有被记录下来，而且他们中的任何一位也不可能从围城战中生还。

拉·瓦莱特读完这封信，抬起头看着眼前的意大利骑士。

"等着！"他说道。

他叫来三位来自不同语区的骑士——一位法国人，一位意大利人，还有一位西班牙人。他告诉了他们这封信的大概内容，并命令他们立刻前往圣艾尔摩堡考察然后回来报告它的状态。

拉·瓦莱特对这座堡垒和其守军的命运不抱任何幻想。他知道他在以超人的素质要求自己的手下。但他也知道，自豪，恐惧，然后重新自豪起来，会让士兵守住从逻辑上来说守不住的据点。他打算为饱受炮击折磨的守军注入钢铁意志。他们必须坚守在那里直至最后一人，就如同他本人准备在比尔古的这一刻来临时做的那样。

他告诉骑士维特利诺·维特莱奇，在放弃坚持的时候慷慨赴死是不符合"荣誉的法则"的。

> 一个士兵的职责是服从上级命令。你回去告诉你的同袍们，他们必须坚守在自己的岗位上。他们要留在那里，不得突围。当我的特使回来的时候，我会决定要采取什么行动。

拉·瓦莱特选定的三名骑士在拂晓时分到达了圣艾尔摩堡。他们立刻被守军中的异议分子围了起来，所有人都急着指出城堡不可能再守下去。一些骑士和他们手下的人马已经开始准备撤离了。他们开始销毁武器、弹药和储备，以防为穆斯林所用。这一场面充斥着混乱与恐慌，如同撤退前的序曲，纪律开始崩坏而每个人都只考虑自己的性命安全。

这一场面让特使们心生沮丧，在仔细评估城堡状态前他们拒绝讨论关于撤退安排的任何问题。年长的和资深的骑士们，比如布罗利亚和德·瓜拉斯，以及经验丰富的长官如米兰达和勒·马斯，则没有参与任何有关放弃城堡的讨论。叛逆的群体看起来只是由比较年轻的骑士组成。

在调查完城堡状况后，特使中的两位，来自卡斯蒂利亚的骑士指挥官德·梅迪纳（de Medina）以及来自普罗旺斯的安东尼·德·拉·罗什（Antoine de la Roche），平静但又坚定地宣称他们认为形势并不是如此绝望。"这座城堡，"他们说道，"仍能继续坚守好几天。"

第三位特使，一位名叫卡斯瑞奥塔（Castriota）的那不勒斯骑士，就不那么老练了。"现状远不是没有希望，"他断言道，"需要的就是精神焕发的士兵和富有新意的办法。"无论他是否暗示是守军缺少勇气和能力导致圣艾尔摩堡的悲惨现状，他的话引起了年轻骑士的强烈憎恨。他们才是在前线奋战的人，这么多天以来一直在忍受狂轰滥炸，现在却从"基地总部"来了一位参谋告诉他们做事方法不对。

"那就跟我们一起待上一天！"他们喊道，"让我们看看土耳其近卫军攻上来的时候你那'富有新意的办法'管不管用！"

激烈的争吵随之爆发，在这个过程中，很多士兵离开了自己的岗位去围观他们的长官也就是骑士们是怎么说的。正在此时，务实的德·瓜拉斯叫来一个号兵，通过吹响警报恢复了秩序。当警号的第一个高音响起时，骑士和士兵们立刻跑回自己的岗位。他们久经训练的纪律性使他们静下心来并恢复了原有秩序。

特使们一回到比尔古，就直接去面见拉·瓦莱特。他们发现大团长也在等着他们报告。上了岁数的人睡眠很少。在这一段漫长的岁月里，即便在夜里，大团长也总是枕戈待旦。在随后的比尔古和森格莱阿的攻防战期间，他几乎很少睡觉。只要有险情出现他必定到场，然而同时他还一直忙于议事会的日常事务，或在进行防御新方案的设计。

卡斯蒂利亚骑士和普罗旺斯骑士立刻陈明，他们认为这个据点实事求是地说是没有希望的了。然而，卡斯瑞奥塔仍然义愤填膺地坚持道，只要投入新鲜有活力的部队以及采用新的防御方法，圣艾尔摩可以再坚守一段时间。他自愿带领一支部队去圣艾尔摩堡，以实效证明他的话。他说如果大团长允许，他将直接在比尔古找到足够多的志愿者去代替现有的守军。

拉·瓦莱特同意了卡斯瑞奥塔的请求，而且不到一小时（在土耳其人开始对城堡进行例行炮击之前），这个那不勒斯人就召集了六百人整装待发。拉·瓦莱特是否真的打算派遣这么多有用的士兵去一个即将失陷的城堡是很可疑的。他是在利用自己对骑士们心理的了解，将他们推向自豪感的燃点，一旦到达这个临界点，他们会情愿战死也不愿被救走。

一封信在当天夜里被送往圣艾尔摩堡。这封信彻底激起了叛逆骑士们的羞耻感。他们已经知道卡斯瑞奥塔组建起了志愿军。他们各自所属语区的朋友们也送信来指责他们让自己的国家和骑士团蒙羞。这五十三名骑士惊骇地发现自己正处于风口浪尖，被指控背叛了骑士团和所属语区的荣誉，他们唯一迫切想做的就是证明这不是他们的本意。

[瓦莱特写道：]一支志愿军在骑士康斯坦丁诺·卡斯瑞奥塔的指挥下已经组建完毕。你们离开圣艾尔摩堡前往比尔古的安全之地的请求已被批准。今晚，援军登陆以后，你们可以乘他们的船回来。回来吧，我的兄弟们，回到修道院和比尔古，在那里你们会更安全。对于

我来说，当我得知这个城堡——马耳他全岛的安全都极大地依赖于斯——将由我可以毫无保留地信任的人守卫时，我更加放心。

他这番夹枪带棒的话比任何愤怒之词都更能让这些骑士感到如坐针毡。如遇当头棒喝，他们发现自己被剥夺了荣誉，当着骑士团和全欧洲贵族的面被绑在了耻辱柱上。终其余生，他们将因未能守住圣艾尔摩堡却苟且偷生而被人唾弃。

大团长的信被读完之后不过几分钟，他们的叛逆之心就荡然无存了。拉·瓦莱特达到了目的。他已经将钢铁意志注入了守军的脊梁，再没有任何事会动摇他们的士气。

一名马耳他游泳好手〔有些人说他就是那个传奇的托尼·巴雅达（Toni Bajada），其英雄事迹至今仍在岛上广为传颂〕自告奋勇地带着一封信前往比尔古。在这封信里，骑士们乞求大团长不要来解救他们。他们向大团长保证今后将为骑士团献身并坚定不移地服从他的所有命令。他们再也不会向敌军发起突围行动。他们宁愿待在圣艾尔摩堡并战死在那里，也不愿返回比尔古。

拉·瓦莱特立刻取消了下达给卡斯瑞奥塔的命令，而是只派去了十五名骑士和不到一百名士兵。现在是 6 月 10 日的清晨。不管他对守军的期待有多高，他也没曾想到守军继续坚持的日子比三四天还多。

第 15 章　危机四伏的城堡

　　无论从哪一方面来看，土耳其指挥部都感到这场战役进行得不仅缓慢，而且还很糟糕。大元帅科佩尔的一支奇兵成功地摧毁了图尔古特在盖洛斯角设立的新炮台。入侵行动已经进行了二十三天。无论当初是如何盘算的，攻占圣艾尔摩堡都应该早就完成了，针对骑士团主要据点比尔古和森格莱阿的攻击也应已在进行中。穆斯塔法帕夏开始担忧基督教援军会在岛的北面登陆并突然从背后攻击土耳其人。6 月 10 日早晨发生的事证实了他的担忧。两艘马耳他加莱船突然出现在戈佐岛北部。

　　在圣·奥宾和拉·瓦莱特的一个侄子的指挥下，这两艘加莱船搭载着 500 名士兵被派过来作为对大团长求援的回应。这支小船队绕着戈佐岛左冲右突了一整天，最终还是被皮雅利的舰队驱逐回西西里岛。图尔古特怀疑这两艘加莱船是一支大部队的先锋，于是建议加大对马耳他海峡的监视力度。从那时起，一百艘加莱船被部署在戈佐岛的北部。黄昏的时候它们列队出发向北驶向西西里岛的方向，拂晓它们调转船头向戈佐岛的方向巡逻。

　　图尔古特决心不让任何援军靠近并发动突袭登陆。同时，他更加清楚地意识到他在与皮雅利和穆斯塔法帕夏第一次会议时就指出的盲点——正是骑士团在夜里对圣艾尔摩堡的增援行动才使得这个城堡继续坚守下去——的破坏力，因此他决心重建盖洛斯角的炮台。这一回他不再敷衍了事，图尔古特的大批人马在岩石海岬登陆并在陆地设置了重重护卫，以防科佩尔的骑兵再次对炮手发动奇袭。他们立刻着手在盖洛斯角上搭建一个火力强大的炮台。数门重炮被从船上卸到岸上，工兵部队也开始建造坡道和防护栅栏。这座炮台俯瞰着圣安杰洛堡和圣艾尔摩堡之间的海上通道。土耳其人将轰击圣艾尔摩堡位于大港湾一侧最坚固的城墙，到了适当的时候他们也可以将炮火转向圣安杰洛堡。

6月10日，围城战中第一次夜间大战爆发了。整整一天炮击都没有停歇，穆斯塔法帕夏决定一到天黑，就让他的生力军抓住机会，在守军筋疲力尽之时乘虚而入。近卫军阿迦在行动之前向手下训话鼓舞士气。他说道，攻取城堡、屠戮敌军的荣耀属于近卫军；首先攻入城墙缺口、成为马耳他岛赖以生存之据点的主人的荣耀，也必然属于近卫军——这支从不把后背亮给敌人的部队。

土耳其人的主攻方向被放在了城堡的西南角，那里的城墙出现了一个大的缺口而且还在扩大，万千火把的光亮与燃烧物的飞芒腾焰组成了进攻的宏大序曲。这一次不仅仅是守军在使用"人造之火"和炸弹。近卫军的前进队列向前扔出了"萨切蒂"（Sachetti），或者称之为火炎榴弹，它们与基督徒回敬他们的爆炸物有些相似。这种类型的燃烧弹在奥斯曼人的手里得到改进，一旦炸开就会附着在盔甲或者人体上。很多时候，站在缺口处的骑士们只能通过跃入沿防线布置在岗位后方的大水桶里才避免在自己的盔甲里被活活烤死。这场进攻作战是如此让人目眩魂散，以至于在圣米迦勒堡观战的巴尔比如此回忆道：

黑漆漆的夜晚此刻由于炮火而宛如白昼，明亮到我们能十分清楚地看见圣艾尔摩堡。对于圣安杰洛堡的炮手们来说，熊熊火光中土耳其人的身影是如此清晰，使他们能将弹雨倾泻到前进的敌军队伍中。

火把、喇叭筒和燃烧手榴弹产生的厚重烟雾弥漫在大港湾上空。进攻者们数次越过城堡前的壕沟发起冲锋，然而又屡屡被打退。当黎明到来，撤退的号角响起之时，据估计苏丹的精锐之师在三角堡和城堡之间的无人区留下了 1500 名已死或将死之人。守军总共损失了 60 人。

6 月 13 日，圣艾尔摩堡出现了唯一一名围城战中投敌的逃兵：一名西班牙笛手悄悄地溜了出来，穿过壕沟来到被敌人占据的三角堡。在被带到穆斯塔法面前后，他向帕夏保证守军只剩下最后一口气了。"如果再把三角堡加高一些，"他说道，"你们就能够通过抑制堡垒内部的一切活动而使他们士气崩溃。"

"如果你撒谎，"穆斯塔法说道，"我们会找到一种有趣的方式弄死你。既不是绞刑，也不是棒刑，这两种对于胆小鬼和普通人而言过于友善了。"

不管怎样穆斯塔法还是按照逃兵的建议着手行动起来。而后者，竟又一次成功地逃脱了他的新主子。帕夏的威胁——如果土耳其人的进攻失败则会发生在他身上的事——使他后悔当了逃兵。土耳其人在酷刑上的造诣可谓臭名昭著。如果施诸贵族出身的战俘例如法国骑士阿德里安·德·拉·里维埃身上的棒刑对于一名逃兵而言过于友善的话，那么这位笛手确实该战栗不止。（在棒刑中，受刑者首先是脚底，然后是腹部被竹竿笞打，直到每一条神经都被折磨到使人尖叫。通常是内部大出血导致的死亡使受刑者得到解脱。）根据博西奥的记载，这名笛手从土耳其军营跑出来一路到了姆迪纳，在那里他谎称自己是从土耳其军队里逃出来的一名基督教奴隶。然而，他还是被真正的土耳其变节者（一名曾抛弃基督教阵营的意大利人）认了出来。"这名笛手被绑在马尾上，被民众用石块砸死。"

在整个围城战过程中最为人称道的事之一就是，尽管比尔古和森格莱阿发生了一些逃兵事件，没有一名马耳他人投奔敌营。这些本地岛民本没有任何理由去爱戴骑士们或骑士团，却在整场战役中展示出了非凡的献身精神和无畏勇气。从孩童时代起，他们就已经对穆斯林海盗年复一年对这个小群岛的劫掠造成的伤亡习以为常。很可能是他们复仇的决心帮助塑造了他们的威武不屈。马耳他人也可以声称自己是世界上最早信奉基督教的民族（他们的归化始于圣保罗于公元 60 年在此岛登陆之时），而他们毫无疑问从先祖的信仰中汲取了强大的力量支撑。即使是博西奥，这位主要致力于展示骑士和"宗教信徒"毫不动摇的勇气的骑士团史官，也不得不给出这样的评论："在大围城期间，几乎每一个种族都发生了逃兵投奔异教徒的事件。但是在本土的马耳他人中，从来没有这种事发生。"

不幸的是，除了在一些传说中以外，很多马耳他英雄的名字并没有被记录下来。骑士个体的甚至土耳其敌人的事迹都被载入史册，但是岛民的英雄行为只是通过口口相传的形式流传至今。像伟大的马耳他骑兵路加·布里法（Luqa Briffa）、游泳好手兼骑兵托尼·巴雅达，以及一些类似地中海罗宾汉的马耳他人，只存在于民间传说中，而不是文献记录里。他们以及很多类似他们的人的存在是无可置疑的。骑士是防御的主心骨，没有骑士就不存在有组织的抵抗。但是马耳他的主要防御仰仗的是五六千名适龄服役的马耳他人。在某位马耳他本土历史学家从歌曲和传说中抢救出一些先辈的名字和其功绩前，历史学家们除了记录文献里出现的少数人名之外再无建树。在大围攻这个故事中永远不能被忽视的一点就是，并不是只有来自欧洲最高贵家族的人在抵抗土耳其侵略者，同他们站在一起的是肤色黝黑、腿短胸阔的马耳他人。这些坚忍顽强的岛民有可能是腓尼基人的后代。正如几百年前他们的先祖在迦太基围城战中所做的那样，他们证明了自己可以忍受所有令人难以置信的艰难困苦。

　　"再没有比攻坚战更加残酷血腥的战争了……"这一说法的真实性还将在后续几个月中被反复验证。土耳其人对基督徒恼怒不已，土耳其指挥官身上令人钦敬的骑士风度早已消失殆尽。穆斯塔法和皮雅利都感觉到在圣艾尔摩堡耽搁如此之久是个错误，这个微不足道的小城堡早就该被攻陷了。对于图尔古特来说，尽管这是被苏丹指挥官们先前拙劣的布置拖延至今的任务，但既然被托付以大任，他也变得与舰队司令和总司令一样坚定，要将圣艾尔摩堡攻坚战进行下去。

　　6 月 14 日的晚上，一名土耳其传令官被派到三角堡与城堡之间的壕沟处向守军喊话，告诉他们穆斯塔法承诺为愿意在今晚退出守城的人提供一条安全通道。土耳其总司令以自己的胡子①，以及先祖的坟墓起誓，任何有意愿撤出的人现在可以不受干扰地离开。可以想见的是，如果这一提议早几天提出来的话，在那些年轻的骑士和动摇了的士兵中就可能会有人接受。但是现在，所有人都决意在自己的岗位上殉教。此外，尽管守军知道已经守不了多久，但是他们所取得的巨大成就让他们士

---

① 自 12 世纪以来，胡须成为一种重要的象征——军人的尊严和社会地位。骑士如果用胡子发誓，他就相当于用毕生的荣誉起誓。

气高涨。只要看看城下环绕着防线的堆积如山的尸体，他们就可以意识到自己的防守正在消耗着土耳其人的兵力。穆斯塔法的传令官在得到一阵火绳枪齐射的回应后被迫回营。圣艾尔摩堡不会再有逃兵！

第二天一整天不断增加的炮击力度表明另一次攻击正在迫近。来自希贝拉斯山、蒂涅角和盖洛斯角上重新设置的炮台的炮火从未停止。头晕目眩且疲惫至极的守军做好准备迎接这次不可避免的进攻。如果炮击的意图是破坏士气的话，那么这一目的没有达到。炮击仅仅让守军高度戒备，并在进攻来临的时刻更有准备而已。15 日到 16 日的夜间时不时有小规模袭击发生。敌人明显变得自信起来，开始感到成功已经唾手可得了。

拉·瓦莱特的视线越过水面投向对岸，他听着炮声，一定是预感到最后的时刻快要到了。圣艾尔摩堡的坚守时长超出了合理预想。可能就在明天，或是后天，很难想象守军能坚持更久了。

进攻在 6 月 16 日，也就是周六的黎明时分开始。当火光犹如被点燃的引线一般一路烧向圣艾尔摩堡的时候，全岛仍然笼罩在夜晚的潮湿空气里，海岬上充盈着大海的气息。守军注意到敌军部队正在集结。他们听到毛拉们高亢的声音，在号召信徒们为殉教升天。

> 最为圣洁的死士之一
> 在古兰经的感召下果敢杀戮……

他们站在高高的三角堡上，大声宣讲着在真正的信徒与基督异教徒的圣战中，面向敌人殉教的所有烈士将继承先知允诺的完美世界。在天园里四处可见喷涌着清澈泉水的水井。在永恒的下午时光里枣椰树蔚为成荫，可口的葡萄汁（在信教者的凡人生活中这是被禁止的）予取予求。在那里美目的女子张开双臂欢迎到来的勇士，爱的高潮绵延万年。

发誓献身于另外一个天堂的基督徒严阵以待。他们听到沉闷的鼓声和刺耳的喇叭声。他们向海面望去，看到整个土耳其舰队在夏夜里迫近，如同缠向小岛的绳索一般。此时此刻，即使最勇敢的人也会感到如芒在背。

将近 4000 名火枪手自马萨姆谢特湾的岸边以巨大的弧形展开，越过希贝拉斯山下的凹地，直奔大港湾而来。他们向城堡的射击孔发射毁灭性火力。梯子和用桅杆临时制成的工程桥被拖曳到壕沟，那里堆积着苏丹士兵的躯体——由于夏日的高温均已发黑碎裂。阳光洒到水面上，皮雅利的舰队也随之开火。太阳在这些舰船后方冉冉升起，将船体和船帆的影子投在水面上。在海军炮轰的同时，穆斯塔法在希贝拉斯山上的炮兵发射出 60 磅、80 磅和 160 磅重的炮弹。蒂涅角和盖洛斯角上的炮台也分别从北面和南面开始对圣艾尔摩堡进行交叉轰击。

守军紧靠城墙蜷缩起身体，隐蔽在临时搭建的胸墙后，静待着敌军的突击。他们在射击孔处和西南面饱受威胁的城墙缺口处都准备好了火圈、燃烧弹、沸腾的大锅和喇叭筒。仅仅是两个晚上之前，拉·瓦莱特成功地将这些燃烧性火器送到了守军手里。他还设法送来了一批酒和面包作为补给品，因为圣艾尔摩堡的面包坊早已被摧毁而且守军的水也所剩无几。

穆斯塔法坚信此次进攻一定能拿下这座城堡，因此近卫军被留在后方作为预备队。替代近卫军发起第一波疯狂攻势的是穆斯塔法安排的非正规军。这是一支由宗教狂热者组成的队伍，他们虽然没有接受过近卫军那种针对铁血战士的训练，却拥有一种完全置自己及他人之性命于不顾的蛮勇。由于吸食大麻而变得狂乱，这些非正规军成为穆斯林中的狂热分子，在宗教信仰与大麻的合力之下生出盲目的勇气。就像北欧传说中的狂战士（Berserker）一样，执意于狂热信仰的他们心无杂念，唯有杀戮的欲望独存。这些人"经过仔细挑选，身着兽皮，头戴镀金钢盔。他们的皮外套上是银线编织的各种图案和人物。他们装备着圆盾和弯刀……"

在一阵狂热的浪潮中，非正规军——他们的眼前只有战场和未来的天园——冲下来开始了第一轮攻击。他们的瞳孔犹如利针，他们流涎的嘴唇里只蹦出一个词："安拉！"

马耳他民兵的嘴唇里蹦出来的词也是"安拉"，因为在他们的语言里基督教上帝就被如此称呼。在胸墙后面，在西南面城墙的缺口处，骑士、西班牙士兵和马耳他民兵们在等待着。

　　在很多甚至大多数战役里，个人情感很少会掺杂于争斗之中……但是在马耳他，私人仇恨是驱动双方殊死作战的主要因素：双方都把对手视为异端，而屠戮异教徒是他们崇拜的上帝最乐于接受的贡品。

如果吉哈德（Jehad），或者说圣战的观念源于穆斯林的话，那么好几百年前这一观念也为基督徒所采用。宗教战争的恐怖和其不可调和的本质不仅在于双方的士兵都相信，如果在战斗中牺牲那么等待他们的将是天堂，还在于他们相信自己为祖先所托有义务将异教徒送入地狱。

被守军的火力打退之后，非正规军不得不退后，留下一道填满同伴尸体的壕沟。随之而来的是一群托钵僧。穆斯塔法仍保留着他的精锐部队，直到"宗教狂热者们"用尸体铺成一条通往圣艾尔摩堡的大道。最后，他看向近卫军并向这些伊斯兰骄子下令前进。此时距近卫军阿迦被一发来自圣安杰洛堡的炮弹杀死已经过去两天了。这正是让基督徒血债血偿的时候。作为希腊人、保加利亚人、罗马尼亚人、奥地利人和斯拉夫人的后代，这些皈依伊斯兰教的勇士向前冲锋，直抵城墙缺口。尽管他们的冲锋一浪高过一浪，但是仍被守军的火力打得踉跄后退。

对于近卫军来说最致命的伤亡是由堡垒南端的一个小炮台造成的。从这个角度炮手能够对前进的队伍实施纵射。尽管土耳其人直接对这个炮台开火，炮手们还是整天都维持着这个炮台的杀戮能力。圣安杰洛堡也在支援着守军。那里的炮手们在高高的三角堡上以贯穿性的火力横扫穆斯林的队列，炮弹在敌军向前翻滚的白色浪潮中炸出黑色大洞。

在这场战斗过程中，图尔古特和穆斯塔法帕夏站在三角堡上观察着整个战场，并监督部下们作战。图尔古特在四处奔波忙碌。这位老海盗亲手布置火炮，给主炮手提出建议，并引导炮击。当近卫军或是非正规军的攻击集中在部分城墙的时候，图尔古特会确保没有穆斯林部队的城墙受到的炮击既势大力沉又疾如迅雷。当进攻势头减弱且部队回撤时，他立刻转换目标并对骑士们防守薄弱的位置保持毫不留情的炮轰。圣艾尔摩堡如同一块被暴风雨反复冲击的岩石。

这场恶战直到夜幕降临方才停止。对于土耳其人和基督徒来说都不可思议的是，这样一个小堡垒居然还能抵抗这么长的时间。守军有150人阵亡，还有比这多得多的伤兵，但是在摇摇欲坠的城墙前的穆斯林大军更是伤痕累累、尸横遍野。当晚的一次点名表明苏丹的部队在过去三周内的损失超过了 4000 人——有将近 1000 人是在这一天的进攻中丧生的。

勇敢无畏的德·梅德兰也在圣艾尔摩堡的阵亡者名单里。佩佩·迪·鲁沃（就是那位计算城堡在被围攻期间经受了多少发炮弹轰击的骑士）也阵亡了。米兰达受了重伤。如果说 6 月 16 日的这场战斗是一场胜利，那么这也只是一种皮洛士式胜利①。尽管守军的纸面损失不大，对他们来说却难以承受。现在离图尔古特设置在盖洛斯角的炮台彻底阻绝援军已为时不远了。当这一刻到来的时候，便万事去矣。

自围城开始以来，拉·瓦莱特第一次拒绝下令让任何士兵或骑士去增援圣艾尔摩堡。他号召志愿者前去。三十名骑士，以及三百名来自比尔古的士兵和马耳他民兵站了出来，他们抱着必死的信念自愿前往。

---

① Pyrrhic victory，西方成语，意思为代价高昂的胜利或惨胜。

第 16 章　骑士团的领土

这一天的战斗结束之后，土耳其指挥官们又一次召开会议讨论是否还有其他的办法来使这座堡垒屈服。看到圣艾尔摩堡南角的封闭式炮台给己方队列造成的惨重损失，他们决定投入两门重炮来对付它。这次进攻失败的原因与以往无异，正如图尔古特早就指出的那样，在于从比尔古发起的输血行动——部队、补给品和弹药在夜间穿过大港湾被运到守军手里。

"除非完全切断守军的所有外部援助，否则城堡仍将继续抵抗我们。"

他建议立刻动员所有派得上用场的工兵和劳力，建起一道由石头、泥土和柴木组成的护墙，用以保护土耳其部队不受圣安杰洛堡的炮火伤害。这道护墙沿着希贝拉斯山的东部侧翼建起，直达大港湾的水面。它能够使土耳其人在不暴露行踪的前提下部署军队，也能使土耳其人拥有一个安全的有利位置俯瞰大港湾。从此处他们能够针对任何试图登陆的增援船只进行密集的火力袭击。

这是老海盗给出的最后一条建议和最后一点帮助。6 月 18 日，在与穆斯塔法一道巡视新炮台和护墙的建设工作时，图尔古特被击倒在地。一发来自圣安杰洛堡的炮弹落在这群高官显贵的附近。很可能炮手就是特意瞄准他们发射炮弹的，因为图尔古特和穆斯塔法不屑于在基督徒的炮火下寻找掩护，而他们华丽的衣着和周围的随从足以表明他们的重要身份。炮弹撞击到坚硬的地表并向上反弹，大量的岩石碎块随之产生并向四外迸射。其中一块碎石击中了图尔古特右耳上方的部位，如果没有厚厚的头巾，他早就命丧当场了。他倒在地上，鲜血从鼻孔和耳朵中汩汩而出。

穆斯塔法帕夏当时就认为这位老壮士已经殉国了。他命令一名随从迅速用斗篷盖住图尔古特的躯体并将其秘密送往马尔萨的总部。图尔古特的名声是如此之响亮，以至于穆斯塔法担心部队的士气会因知道此事而一落千丈。几分钟之后，第二发炮弹落到几乎同一位置并杀死了近卫军的另一位阿迦。穆斯塔法却仍不为所动，继续与炮手和工程师们讨论。当他们最终决定按照图尔古特的建议将护墙延伸到水面边缘的时候，"伊斯兰出鞘之剑"看似没有了生命体征的躯体也被运到了图尔古特本人位于马尔萨的帐篷中。很多年以前，也就是 1544 年他攻略戈佐岛的时候，他的兄弟被杀，那时图尔古特已经有了对自己命运的预感。"我感觉到了死神之翼在这个岛上投下的阴影！"他曾如此说道，"终有一天我也会死在骑士团的领土上。"

当夜一名土耳其军队的逃兵把这个死敌阵亡的消息带给了身在比尔古的大团长。逃兵的消息过早了点，因为图尔古特还弥留了几天。但是大海盗再也没有离开过自己的帐篷，或为这场战役提供任何帮助。鉴于只有他能够居中协调陆军和海军的行动，也只有他的建议皮雅利和穆斯塔法帕夏能同时听进去，他的阵亡对于土耳其人来说无异于一场灾难。

第二天土耳其人的士气被进一步削弱，圣艾尔摩堡骑士塔的指挥官安东尼奥·格鲁诺（Antonio Grugno）指引着一门火炮向一群土耳其军官射击并成功地将一发炮弹射入他们的正中间。死者当中有土耳其人的军需总监，他在陆军中的军阶仅次于穆斯塔法本人。图尔古特负伤和近卫军阿迦阵亡的消息（尽管穆斯塔法试图保密）已经传到了土耳其军中。又一位高官的阵亡令他们更为沮丧。但是安东尼奥·格鲁诺也没有为他的成功高兴多久。他在几分钟之后就被狙击手的子弹重伤，被从自己的岗位上抬下并送往对岸的医院。

就这样，随着双方阵营中死亡和因伤致残的战士日渐增加，圣艾尔摩堡的围城战进入了第 27 天。希贝拉斯山上的第一座炮台开火是在 5 月 24 日，而现在已经是 6 月 19 日了。对于这座老旧的星形小堡垒，苏丹曾被间谍告知"四五天之内就会陷落"，现在它已经坚守到第二个月了。

就是在 19 日这一天，圣安杰洛堡突然传来爆炸的轰鸣声，使得围城的土耳其人不由将视线转向了大港湾远端的那个要塞。浓烟烈焰从城垛处腾空而起。土耳其人立刻知道除了弹药库爆炸以外不可能有别的事故能引起如此程度的爆炸。巴尔比告诉我们，是一座小型火药作坊发生了爆炸，八人丧生，而且爆炸的威力掀翻了要塞的部分房顶。

爆炸事件在土耳其人中引起的狂喜难以形容，他们有如野兽般嗥叫，认定守军的损失要大得多。但是大团长立即下令向土耳其人开了十几炮，提醒他们不要想入非非……

到了 19 日午夜，形势变得很清楚，堡垒已无可挽救。米兰达派出的一名信使告知大团长"圣艾尔摩堡的陷落可以以小时计"。试图摧毁土耳其人架在护城壕沟上的桥梁的行动也宣告失败。在某些地段壕沟几乎完全被堡垒的碎石块填平，而在其他地方守军也不过是被一面支离破碎的矮墙保护着。米兰达在 20 日晚上派出的另外一名信使说："每一名新派到堡垒的援军都损失掉了。因此，再派任何人来这里送死就是残忍的暴行了。"城堡现在已经被完全封锁了。

图尔古特被击倒时正在设置的新炮台现在已经控制了堡垒的东部，而且还俯瞰着援军登陆的地点。一路延伸到水面边缘的护墙也已建成，土耳其狙击手可以随意射击乘坐渡船穿越水面的部队。在派出骑士德·博尔斯伯顿（de Boisberton）乘坐一艘小船去与米兰达商谈后，拉·瓦莱特意识到形势是如此之绝望。当小船冒死冲过大港湾时，水面被一阵枪炮齐射覆盖。满是弹孔的小船最后勉强完成了任务。一名士兵在出口航道上被一发炮弹削掉了脑袋，而另外一人在返程时被射杀。

博尔斯伯顿带回给拉·瓦莱特的口信是，米兰达和其他资深骑士都认为他们能再抵挡住一次土耳其人的进攻。在那之后，他说道，他们除了撤回比尔古之外再也无法做其他的事了。

拉·瓦莱特"高贵的容貌通常带有些许的忧伤，现在那上面密布着深深的悲哀，因为他感觉到他现在必须把勇敢的同志们遗弃给他们自身的命运"。他知道，这些同志可能还没有意识到的是，已经没有从圣艾尔摩堡撤退的可能了。土耳其工程师和工兵部队已经按照图尔古特最后的建议，把守军同外部世界隔离开来。圣艾尔摩堡现在终于到了孤军作战的境地。

1. 马耳他围攻战中比尔古和森格莱阿附近的布阵情况，
意大利数学家伊尼亚齐奥·丹蒂（Ignazio Danti）绘。

2. 马耳他十字,
医院骑士团的徽章。

3. 医院骑士团的加莱船的模型,现藏于威尼斯海洋历史博物馆。

©Myriam Thyes

4.医院骑士团大团长德·拉·瓦莱特。

5. 为纪念拉·瓦莱特之城瓦莱塔的建立所铸的铜章。正面为大团长德·拉·瓦莱特的肖像（上图），反面为一列桨帆船正与由女骑手驾驭的大象战斗的场面，背景中的要塞可能为瓦莱塔（下图）。©Robert Lehman Collection

6.大团长德·拉·瓦莱特穿过的盔甲，现藏于马耳他瓦莱塔的宫中军械库。© Marie-Lan Nguyen

7.腓力二世赐予大团长德·拉·瓦莱特的剑组，现藏于卢浮宫。©Henri Gatien Bertrand

8. 土耳其苏丹苏莱曼一世的肖像，丹麦画家洛克（Melchior Lorck）绘。

©Harris Brisbane Dick Fund

9.图尔古特，奥斯曼帝国希腊裔穆斯林出身的海盗和海军司令，土耳其画家阿里·沙米·博亚尔（Ali Sami Boyar）绘。

10.海军司令皮雅利，现藏于土耳其梅尔辛海事博物馆。

11. 土耳其近卫军战士。

12 马耳他围攻战的布阵图，法国制图师安东尼奥·拉弗雷利（Antonio Lafreri）绘。

13. 土耳其舰队登陆马耳他，意大利画家马特奥（Matteo Pérez de Alesio）绘。

14. 圣艾尔摩堡的陷落，意大利画家马特奥绘。

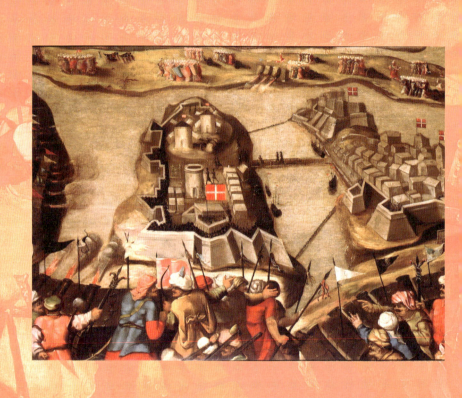

15. 土军轰炸圣米迦勒堡，意大利画家马特奥绘。

16. 土军轰炸比尔古，意大利画家马特奥绘。

17. 援军到来，意大利画家马特奥绘。

18. 土耳其人撤离，意大利画家马特奥绘。

LA VERDADERA RE LACION DE TODO LO

q̃ este año de M.D.LXV. ha ſucedido en la Iſla de Malta, dende antes que la armada del gran turco Soliman llegaſſe ſobre ella, haſta la llegada del ſocorro poſtrero del poderoſiſſimo y catholico Rey de Eſpaña don Phelipe nueſtro ſeñor ſegúdo deſte nombre.

Recogida por Franciſco Balbi de Correggio en todo el ſitio Soldado.

Dirigida al Excellentiſſimo Don Iuan de Auſtria.

B

CON LICENCIA.

Impreſſa en Alcala de Henares en caſa de Iuan de Villanueua. Año 1 5 6 7.

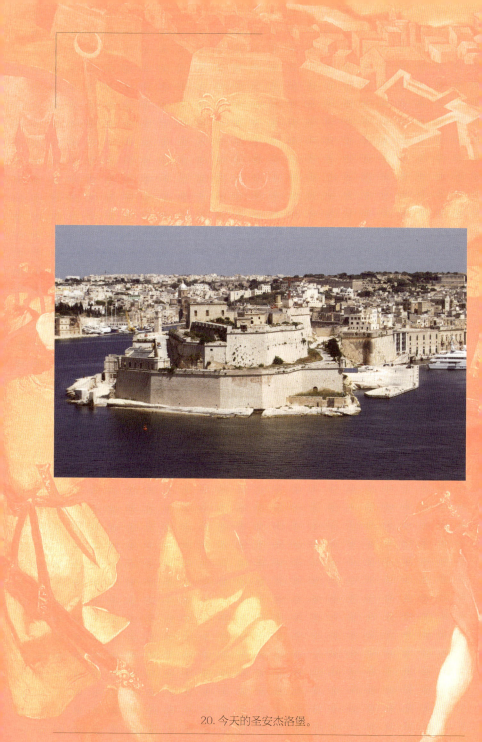

20. 今天的圣安杰洛堡。

21. 今天的森格莱阿。

22. 今天的马耳他人重现 16 世纪时骑士团演练的场景，摄于 2005 年。

第 17 章　圣艾尔摩堡陷落

　　通过比尔古狭窄的街道，耶路撒冷圣约翰医院骑士团以庄严肃穆的队形前往圣劳伦斯修道院教堂。这是 1565 年 6 月 21 日，周四，基督圣体圣血节——骑士团自数个世纪前创立伊始从未停止庆祝这一节日。在此围城战的黑暗时刻，圣艾尔摩堡的陷落近在眼前，他们仍然坚持传统，将自己的武器盔甲放在一边。他们穿上骑士团正式的黑色长袍，上面缝有白色的八角十字架。

　　　　大团长和所有能够出席的骑士……与世俗和神职要员一道护送着圣体走过街道，两边站满虔诚的人。路线的选择经过精心考虑，避开了土耳其人的炮火。当游行队伍返回圣劳伦斯教堂后，所有人屈膝下跪，并祈求仁慈的主不要让他们在圣艾尔摩堡的兄弟们全然消逝于异教徒无情的刀剑下。

　　就在这一天，圣艾尔摩堡的骑士塔在长期饱受图尔古特设在蒂涅角的火炮重击之后，最终变得无法防守。近卫军沿着马萨姆谢特湾的海岸悄悄移动，爬上山坡并占领了城堡的外部防御工事。守军第一次意识到骑士塔现在处于敌人的手心中是当近卫军狙击手的火力从背后袭来的时候。通过引导一门火炮向近卫军前锋开火，守军暂时将他们逐走。但是，一到夜晚，苏丹手下精选出来的火枪手们又回来了——而且来了更多人。现在，三角堡和骑士塔这两个外部防御工事都被土耳其人占领了。

炮击从未停止。从第一缕阳光穿透六月下旬的午夜的热气，到太阳落到小岛西面山脊的后面，围城火炮、舰炮和巨大的蜥炮持续着它们的雷霆之击。午间的气温已达 90 华氏度，无人照顾的田地在烈日之下龟裂，灌溉用的沟渠里再没有活水流动，而少数被遗忘的农作物也凋零枯死在了无生气的大地里。在马尔萨，住着土耳其伤员和病号的帐篷散布在低地上，帐篷数量又有所增多。从圣艾尔摩堡前线上因火器和冷兵器伤害退下来的伤员与肠炎、疟疾和痢疾患者躺在一起。图尔古特时而陷入昏迷，时而胡乱呓语，在这两种状态反复轮换的间隙他听到了隆隆的炮响。但他再也分不清这到底是夏日里的风暴，还是贯穿他戎马生涯始终的"人工雷暴"。

在比尔古和森格莱阿，守军在检查他们最后的准备工作。他们紧张得如同通过层层上涨的涌浪判断出飓风即将来临的水手。"就食物而言，他们已经储存了七八千蒲式耳的小麦，这还没有算上丰收之初收割的大约三千蒲式耳的大麦。"根据旺多姆的记载，他们除了比尔古的泉水之外还储存了四万桶水。比尔古和森格莱阿的食物储存足够支撑长时间的围城战。此外还有大量的腌肉、奶酪、黄油、橄榄油、沙丁鱼、金枪鱼和干鳕鱼。弹药储备也很充足，但是，"对于此类物资，"旺多姆（Vendôme）写道，"我无法给出准确数字，因为这些物项的数量一直是机密"。西西里总督之前说过他会在 6 月 20 日前赶来支援马耳他，而现在已经是 21 日了。考虑到他为长期围城所做的全部准备，拉·瓦莱特可以庆幸当他还是一个年轻人的时候就不再轻信诺言了。如果他之前依赖外部援助的话，马耳他岛可能早就陷落了。

在周五也就是 22 日这天，圣艾尔摩堡陷落看起来已是板上钉钉的事了。炮击照例从黎明开始，随后土耳其部队立刻展开进攻。与之前的进攻行动如出一辙，土耳其舰队在夜里迫近城堡并对海基城墙形成半圆形包围。堡垒承受着来自四面八方的集中火力。看起来似乎很难相信在硝烟弥漫的废墟里还有人能存活。然而事实是，堡垒仍在通过火炮、火圈、喇叭筒和燃烧弹向外喷射着火焰，守军们仍然守在城墙上。

土耳其部队的各种动作目前在很大程度上都避开了圣安杰洛堡的炮手，直到从护墙冒出头来发起最后冲锋之时他们才会暴露在炮火之下。而且，这一回他们离城墙和守军太近，因此圣安杰洛堡的炮手有误伤友军的风险（早些时候圣安杰洛堡的一发被误导的炮弹杀死了八名守军）。而圣艾尔摩堡南端那座在击退先前进攻中表现出色的封闭式炮台也被土耳其人的炮火摧毁了。

土耳其人一次又一次地跃过壕沟，与坚守在城墙缺口处的守军展开肉搏战。但是圣艾尔摩堡仍然屹立不倒。每当非正规军和近卫军从溜滑的壕沟里爬上城墙时候，他们发现在缺口处等着他们的是身着钢盔铁甲的守军。此时燃烧物和火绳枪都派不上用场了，互相厮杀的人们退而使用早期战争中发明的武器。一些军士挥舞着战戟（长柄的木质长矛），而近卫军则偏好圆盾弯刀。一名骑士在自己头顶高举着一把长长的双手剑，他的对手则向他投出一把刺剑。长矛、宽刃刀（与长矛长度相仿但是刃口弯曲）、战斧甚至匕首都出现在了攻击者与守军在城墙边缘的战斗中。人们在殊死搏斗中抱在一起滚落到早已变黑发臭的壕沟里。

在某一刻看起来穆斯林已经冲进了城墙缺口，那里是整个上午战况最激烈的地方。一队近卫军成功到达缺点处城墙顶部并与骑士和士兵们展开近战。但这一小支队伍因为脚下的那部分城墙突然垮塌而掉落到壕沟里。有一会工夫城墙缺口处的守军似乎被清除掉了，因此另一批近卫军向缺口后方的开阔地冲去。可是当他们还在费力攀爬斜坡的时候，守军的增援力量又从缺口处的左右杀出，再一次组成的钢铁防线看起来成了圣艾尔摩堡要塞自身的一部分。就在此时，在前一天夜里重新占领骑士塔的近卫军狙击手开火了。守军既要应付前方的凶狠攻击，又被来自后方的子弹成片击倒，不免左支右绌，力不能支。同时，又一股土耳其力量从壕沟里冲出来并开始攀登城墙。

守军能够脱离险境完全是拜骑士梅尔希奥·德·蒙塞拉特（Melchior de Monserrat）所赐。这名阿拉贡骑士自从路易吉·布罗利亚因伤无法指挥后担任圣艾尔摩堡的守军指挥官。德·蒙塞拉特在判断出麻烦根源所在后，立即调来一门火炮直射骑士塔，将近卫军狙击手轰下有利位置。要不是他反应迅速，野蛮冲锋的土耳其人很有可能横扫缺口处的守军并攻入城堡内部。但是在仅仅几分钟之后，德·蒙塞拉特就被一发火绳枪子弹夺去了性命。

土耳其人的进攻持续了六个小时之久，他们不计损失，猛烈冲击着守军稀薄的防线。战事反复拉锯，有时双方的胶着状态会出现动摇的迹象，但是每当烟尘消散的时候，土耳其人仍能看到守军凭借着火绳枪、冷兵器或人造燃烧物在奋战不已。在这个残忍的星期五，据信有两千名土耳其士兵丧生。穆斯塔法最终接受了今日之内无法攻取圣艾尔摩堡这个事实，下令撤退。大团长和圣安杰洛堡骑士塔上的其他观察者突然听到他们在圣艾尔摩堡的兄弟们爆发出一阵欢呼声，而他们原以为这些人早已牺牲。守军向拉·瓦莱特、向骑士团，甚至向全欧洲证明，如果他们注定要捐躯，那么至少他们会为自己捐躯的那一天带来又一场胜利。守军在这场战斗中失去了二百人，而且他们知道末日马上来临，因为再也没有任何援军了。

拉·瓦莱特确实为拯救守军做了最后一番努力。即使铁石心肠的他在那天晚上也被感动得产生了同情之心。一名马耳他士兵从圣艾尔摩堡下方的礁石处潜入水中，通过长时间的水下潜行堪堪避过了敌人的火力并到达圣安杰洛堡。他带来守军的最后一条消息。这名信使描述了当日的战斗并告诉大家几乎所有的幸存者都负了伤。德·瓜拉斯、米兰达和勒·马斯，这三个人坚持到了守城战的最后，虽然还活着但是都受了致命伤——一个是剑伤，一个是枪伤，而另外一个被严重烧伤。然而，信使说道，守军仍然维持着纪律且士气高涨。每个人都有自己的任务并且会坚持到最后。即使那些虚弱得拿不起武器的人也在做一些力所能及的事，他们"把面包浸入酒和水后盛在大且深的盘子里，然后把这些盘子送给能战斗的人，使战斗人员不必离开自己的岗位就能恢复体力"。

据记载，拉·瓦莱特在听到骑士团兄弟的英勇事迹和悲惨境遇后，"感动得泪流满面"。一时冲动之下，他同意了派遣最后一支援军到圣艾尔摩堡的建议。伟大的水手、骑士德·罗姆加受命领导这支队伍，五艘空船立刻挤满了志愿者。十五名骑士以及很多比尔古的士兵和马耳他民兵都自愿前往。一位历史学家还记述道："令人大吃一惊的是，两个犹太人也志愿前往并愿与其他人一道献身。"两位在 16 世纪饱受基督徒迫害和鄙视的种族的成员，竟然选择与圣艾尔摩堡的骑士团成员一起牺牲——他们用事实证明了英雄主义鼓舞旁人的奇特力量。

拉·瓦莱特的行动，由于是意气使然而非经过深思熟虑，从一开始就诸事不顺。当土耳其侦察兵发现骑士团的船队正在穿越大港湾后，所有用得上的枪炮就一齐招呼过来。同时，皮雅利部署在大港湾入海口处的大批敌船快速驶向圣艾尔摩堡下方的登陆点，这一部署的目的就是阻止增援行动。随着枪林弹雨从盖洛斯角以及海边护墙末端的狙击点倾泻下来，港湾里黑漆漆的水面被激起一股股水花。没有人能活着穿过这道火幕。不光如此，罗姆加看到即使他们能够成功到达大港湾另一边，影影绰绰的土耳其船只也正在那里等着阻截他们。在自己的船也差点被击沉之后，他下令援军撤退。圣艾尔摩堡的幸存者们看到援军快速撤回圣安杰洛堡并驶入海汊的掩护水域后，便做好了赴死的准备。

从围城开始就陪同着守军的两名牧师聆听了剩余骑士和士兵的告解。"他们分领圣餐、拥抱彼此，并用只有将死的勇士才会说出的安慰的话鼓励对方……"法国牧师皮埃里·维涅龙（Pierre Vigneron）和来自卡斯蒂利亚语区的西班牙牧师阿隆索·德·桑布拉纳（Alonso de Zambrana）将双双与守军在圣艾尔摩堡的废墟中就义。

当夜晚些时候，骑士和牧师们把珍贵的教物藏在礼拜堂的石板下。他们把挂毯、图画和木质家具搬到室外烧毁。他们决心不让穆斯林亵渎任何一件基督教圣物。他们的最后一个举动，也是向他们在圣安杰洛堡、比尔古和森格莱阿的兄弟和朋友发出的信号，表示他们已静下心来准备好迎接自己的归宿——他们敲响了小礼拜堂的钟。

看到城堡中的火焰，听到钟声鸣响，土耳其人笑了，以为守军在向兄弟们发出最后的求救信号。他们自家弟兄的尸体已经堆积如山，但是明天他们将报仇雪恨。

　　从大象所居之处到米罗伊和巴格达的城堡，
　　我们的兵器闪闪发亮且我们的星照耀在罗姆苏丹国的
废墟上……
　　当我们奋戈向前有如怒涛懦夫将被淹没在勇士之海中，
　　忠魂埋骨于大漠，荣耀献歌于天主。

　　在圣安杰洛和森格莱阿，瞭望哨看见了火光并听到了圣艾尔摩堡的礼拜堂传来的钟声。他们和长官望向对岸，意识到这是他们的同袍传来的最后消息。"在同一个晚上，"弗朗西斯科·巴尔比写道，"圣艾尔摩堡的那些可怜的人们，看到我们向他们提供援助的努力终归失败后，准备为耶稣基督战死……"

　　6 月 23 日，当日出前的第一缕曙光出现时，皮雅利麾下舰船的灰影聚集在一起准备大开杀戒。由于骑士塔已经落入土耳其人手中，一些舰船甚至有恃无恐地驶到了圣艾尔摩堡和蒂涅角的中间地带。这些船是土耳其舰队夺取马萨姆谢特湾时的头阵，敌我双方在过去的数月中为了这个港湾大打出手。伴随着天亮，越来越多的桨帆船驶进来，越过 5 寻水深线，将它们低垂的船首指向严重受损的堡垒。舰艏炮开火。几乎在同时，近卫军、西帕希、非正规军和征召兵发起了第一波大规模总攻。这一天的攻击不再设立由精英部队组成的特攻队，所有部队集结在一起汇成一股洪流卷向圣艾尔摩堡。任何损失都不能止住他们的前进，守军的射击以及为数不多的燃烧弹和火圈也无法阻挡这股不可抗拒的洪流。

　　然而令穆斯塔法和他的参谋们大吃一惊的是，圣艾尔摩堡仍然坚持了一个多小时。第一轮屠戮之后守军只剩下了不到一百人，但就是如此之少的兵力仍迫使奥斯曼军队后退并重组攻势。

德·瓜拉斯和米兰达由于伤势太重而无法站立，只能坐在城墙缺口处的椅子上。他们俯着身子，重型双手剑放在一侧。

这一次，土耳其人发出的战吼告诉比尔古和森格莱阿的守军一切都结束了。身穿白袍的军队从山坡上席卷而下，犹如快速旋转着的辊子碾过城墙，随后冲进堡垒。从比尔古西北部的城墙望去，士兵们和马耳他人可以看见土耳其大军就像海水一样漫过圣艾尔摩堡。

德·瓜拉斯在厮杀中从自己的椅子上站起来，抓起一支长矛试图阻挡敌人的前进。他的头颅被一把弯刀砍下。英勇的勒·马斯被剁成肉泥。来自意大利语区的保罗·阿沃戈尔多（Paolo Avogardo）在礼拜堂门口被砍倒，死前仍利剑在手与近卫军前锋鏖战着。守军一个接着一个倒下，有些人走得很快很利落，其他人则倒在自己战友的尸体间惨受伤口折磨而死。意大利骑士弗朗西斯科·兰弗雷杜奇根据战前接到的命令，爬到面向比格利湾的城墙并点燃了信号火焰。当火焰的烟雾盘旋而上并旋绕在蔚蓝的天空中时，拉·瓦莱特知道，那些英勇的守军伴随着他们坚守到最后的城堡，陨落了。

在此时，等不及要视察自己战利品的穆斯塔法帕夏越过了壕沟。随从跟在他的后面通过城墙缺口走进了圣艾尔摩堡。穆斯塔法的身后是一杆迎风飘扬的大旗——伟大的苏莱曼苏丹、东方和西方征服者的旗帜。在很长一段时间以来一直嘲弄着土耳其指挥官的圣约翰旗帜被扔到了地上，一名近卫军军官将其从尘土里捡起放在穆斯塔法的脚下。一名士兵迅速地用脏兮兮的绳索在旗杆上升起了土耳其人和穆斯林的星月大旗。

站在圣艾尔摩堡城墙的废墟上，征服者向大港湾澄净明亮的水面望去。他的身后是噼啪作响的熊熊火焰以及伤者的阵阵哀号。吸入鼻孔的是腥极至甜的血味。他听到锣响喇鸣由远及近，那是得胜的舰队正在马萨姆谢特湾下锚。在这胜利时刻他并没有忘记贡献良多且饱受敬重的那个人——垂死的图尔古特。一名信使被立刻派往老海盗位于马尔萨的帐篷去告知喜讯。"他只用几声叹息来表达自己的喜悦之情，随后便仰天望去，仿佛是在感恩上苍的怜悯，很快就咽了气——比起寻常海盗这位勇猛的将军似乎多了些仁慈之心。"

但是穆斯塔法帕夏看着圣艾尔摩堡的废墟，一点都高兴不起来。他皱眉注视着对面的圣安杰洛堡。

"安拉！"他高喊道，"一个弱小的儿子犹能让我方损失惨重，那么为打倒其强大的父亲我们需要付出什么样的代价呢？"

第 18 章　水中的尸体

圣艾尔摩堡于 6 月 23 日陷落。它在被彻底切断所有外部援助后仍坚持了三天之久，且在不间断的围攻下坚守了三十一天。回顾这段历史，人们发现它的坚守是整场战役的关键。这个小小的城堡从逻辑上来说一周之内就应被攻取或屈服，事实上却成了土耳其军队的灾难。关于土耳其人的损失的确切数量，各方说法不一，但是在整合各个记述者和历史学家的记录并取平均值后，这个数字在 8000 人左右，接近这支从君士坦丁堡远程而来的军队总人数的四分之一。守军损失了 1500 人，几乎是一个基督徒对六个穆斯林的比例。阵亡的主要是西班牙人、马耳他人以及其他外国人。120 名骑士和侍从军士丧生，其中阵亡人数最多的是意大利语区（31 人）。其余的阵亡者大致上均匀地分布在阿拉贡语区、奥弗涅语区、法兰西语区和普罗旺斯语区。日耳曼语区损失了五名成员。

在最终的这场进攻中，土耳其人在堡垒内进行了屠杀，如果不是拜图尔古特手下的一些海盗所赐，没有人能够生还。对于这些海盗来说，人质总是比死尸要值钱得多，因此他们设法俘虏了九名骑士。巴尔比记下了这九名骑士的姓名，包括五位西班牙骑士——洛伦佐·德·古兹曼（Lorenzo de Guzman）、胡安·德·阿拉贡（Juan de Aragon）、弗朗西斯科·比克（Francisque Vique）、费尔南德斯·德·梅萨（Fernandez de Mesa）和贝拉斯克斯·德·阿戈特（Velasquez d'Argote）；三位意大利骑士——佩德罗·瓜达尼（Pedro Guadani）、弗朗西斯科·兰弗雷杜奇和巴基奥·克拉杜奇（Bachio Craducci）；以及一位法兰西骑士安东尼·德·穆卢贝赫（Antoine de Molubech）。但是似乎没有任何人（如海盗所希望的那样）被赎回的记录。他们可能因伤去世，或是沦为桨帆船奴隶并以此身份度过余生。一些马耳他士兵成功地从城堡废墟中逃出。在这些人里，据说有五人从圣艾尔摩堡所在的岩石峭壁上跃入海中，然后游过大港湾到达了比尔古。正是从这些马耳他人的叙述中，巴尔比收集了他讲述圣艾尔摩堡最后三天的故事所需的素材。

如果穆斯塔法帕夏能够依自己的方式行事的话，就将不存在幸存者。这位土耳其总司令早就享有冷酷无情的盛名，更何况圣艾尔摩堡的长期抵抗彻底激怒了他。骑士团的史官在批判穆斯塔法"绝不宽恕"的命令时毫不迟疑。但是，他们在这么做的时候忘记了当时主导战争事务的一些奇怪"法则"。围城战通常来说就是根据一套法则进行的。当时获得普遍认可的观念是：一旦城墙出现了大的缺口，就由守军决定是否投降；如果投降，他们就有权被以礼相待，还可能自由离去或者至少通过交付赎金而获释；如果是相反情况，即被围困的堡垒守军拒绝投降并且坚持对抗到最后，他们就无权获得任何宽恕——他们可能会被奴役，也有可能死于刀剑之下。

因此，当穆斯塔法帕夏下令绝不宽恕任何俘虏的时候，他是在行使自己的正当权利。无论如何，他都很难或者不可能控制自己的部队。土耳其人的损失是如此惨重，这使他们决心复仇。除了上述的九名骑士和少数几名游过大港湾的马耳他民兵外，守军中再无幸存者。

穆斯塔法不留活口的做法是可以理解的。他的其他做法也与他在其他战役中表现出的残忍相符。他向来认为敌军会被残忍的挑衅行为吓住。他下令将骑士的尸体与普通士兵的区分开来，然后确认出主要骑士的尸体。勒·马斯、米兰达和德·瓜拉斯的头颅被从躯体上砍下。随后这些头颅被挂在俯瞰大港湾的木桩上，面向圣安杰洛堡。

辨识出骑士并不难。其他人不会拥有如此精细的盔甲和武器。穆斯塔法剥除了一些骑士的铠甲。他们的尸体被斩首，躯干被钉在羞辱性的木制十字架上（有记述者说一些未死的骑士的胸膛上被刻上十字记号，而且他们在被斩首前就被挖出了心脏）。有一件事是可以肯定的，许多无头尸体在圣艾尔摩堡陷落后的那天夜里被扔进了大港湾的海水里。

此时是圣约翰日也就是骑士团主保圣人纪念日的前夕。尽管失去了圣艾尔摩堡，大团长还是下令进行正常的庆祝活动。尽管不允许浪费火药粉末或是燃烧剂材料去点火或制作烟火，但是篝火还是在比尔古和森格莱阿全城点了起来，教堂也响起了钟声。土耳其人在注意到基督徒阵营里这些显然是庆祝活动的迹象之后，"在马尔萨也燃起了无数火焰，"巴尔比写道，"这不是因为他们也在庆祝圣约翰日，而是为了庆祝他们夺取了圣艾尔摩堡……这种景象使我们很受伤害，因为这是骑士们一直以来用来纪念主保圣人的庆祝形式。"

6月24日，周日，和缓的海流在这个夏日的清晨里扫过大港湾入口，洗刷着大港湾东南边海汊的海岸，并且带来了不祥之物。四位骑士的无头躯干随着木制十字架浮沉漂流，被冲到了圣安杰洛堡的岸边。

拉·瓦莱特立刻接到了通知，他和他的拉丁语秘书奥利弗·斯塔基爵士以及议事会其他成员来到了岸边。只有两具尸体能被辨识出来，贾科莫·马特利（Jacomo Martelli）和阿莱萨多·桑·乔吉奥（Alessandro San Giorgio），两人都来自意大利语区。他们是被圣安杰洛守军中的自家兄弟认出来的。

拉·瓦莱特从马耳他围城伊始就深知这是一场需要战斗到底的恶战。他要给自己的追随者和土耳其人留下深刻印象，那就是守军绝不可能体面投降。他没有丝毫犹豫便下令处决所有土耳其战俘，其中很多人是被科佩尔元帅的骑兵队在之前的袭击中俘获的，目前被关在比尔古。他们被立刻带到行刑刽子手面前。他们的头颅被砍下，躯体被扔到海里。

正当穆斯塔法的士兵在收集于圣艾尔摩堡缴获的火炮，并准备将其作为战利品送往君士坦丁堡的时候，他们的工作被从天而降的炮弹干扰了。圣安杰洛堡骑士塔上的大炮正在向他们开火。炮弹就是土耳其战俘的头颅。

即使是那些决心不对这位伟大人物吹毛求疵的历史学家，也很难为大团长的这一行为辩护。W. H. 普雷斯科特写道："他下令割下土耳其战俘的头颅并用大炮发射到敌人阵营中，用这种方式来给穆斯林"——就如编年史家告诉我们的那样——"上人性的一课。"维多利亚时代的作家惠特沃思·波特（Whitworth Porter）将军对此评论道：

> 如果拉·瓦莱特能遏制住由敌人的可耻行为（对骑士的尸体实施斩首）激起的愤怒，那么他的声誉无损；但是不幸的是，编年史家不得不记录下他对敌人采取的报复措施，这些措施如同敌人的行为一样野蛮，且与他基督战士的身份毫不相称；不仅如此，更恶劣的是，穆斯塔法满足于肆意毁坏敌人已无意识的尸体，而拉·瓦莱特则被一时

愤怒支配，将所有土耳其战俘斩首并将他们的首级通过圣安杰洛堡的大炮发射到土耳其营地。尽管这一行为是如此残暴，且与现代勇士的观念格格不入，但是，唉！它又是如此符合当时的习惯，因此早期的记述者难以对其予以责难，甚至很少为之惊异。虽然如此，这一事件仍在杰出英雄的清白名誉上投下了阴影，因而让历史后悔记录。

大团长通过这一迅速而又无情的回复表明，这是一场没有宽恕的围城战。当他下令把战俘首级发射到土耳其阵营时，他实际上是在向马耳他的所有守军和人民宣布：

"退无可退！战死总比死成这样好！"

第 19 章　小小的援军

　　议事会在同一天早晨碰头并做出了最后的布置。五个连队的士兵接到命令后从姆迪纳赶来支援比尔古和森格莱阿。最后一批属于商人和居民的私人食物储藏也被买来作为集体储备（从用合理的市场价购买供给一事上可以看出拉·瓦莱特的鲜明性格，很多其他被围困城市的守军指挥官更乐于将这些食物没收充公）。比尔古和森格莱阿所有的狗都被下令杀掉，因为"……它们在夜里会干扰守军，而且每天都会消耗补给"。拉·瓦莱特与同时代的贵族一样，痴迷于捕猎，但是他对于自己立下的规定不做任何例外处理。他自己的几条猎狗与居民的狗一起被杀掉了。

　　拉·瓦莱特充分认识到打赢这场仗不光要靠计划和组织，还要靠士气。

　　"还有什么事能比兵戈在手光荣战死更让一个真正的骑士热切渴望的呢？"他向议事会说道。

　　而又有什么事能比牺牲性命捍卫信仰更适合圣约翰骑士团成员的呢？我们不能因为穆斯林最后终于将其可恨的旗帜插在圣艾尔摩堡的废墟上而心灰意冷。我们的兄弟——他们为我们而死——已经给穆斯林好好上了一课，狠狠地打击了土耳其整支军队的士气。如果缺兵少将、虚弱不堪的圣艾尔摩堡都能在穆斯林最有威力的攻势下坚挺

一个多月的话，敌人又怎能指望攻下更加强大和拥有更多
守军的比尔古呢？我们必将获取胜利。

他指出，正如从间谍和逃兵那里得知的那样，土耳其人的
兵员数量由于疾病锐减。他们的补给储备日益不足，而且"他
们派往非洲、希腊和爱琴海群岛征收更多补给的船只还没有
回来"。

已经有一个世纪贵族不曾屈尊俯就向麾下的士兵们解释他
们的作战计划了，然而甚至在这一点上大团长也向世人证明了
他对于人的心理的敏锐把握。他想起来当年罗德岛战役时在一
些乡民身上出现过麻烦，而如果能让乡民清楚地知道他们的命
运与骑士团休戚与共的话本是可以避开这些麻烦的。因此，当
议事会解散后，他走出去向马耳他民兵讲话，告诉他们如果土
耳其人占领全岛的话他们的状况会是怎样。他们不是数个世纪
以来都饱受穆斯林海盗的打劫吗？无论结果如何马耳他人理应
战斗到最后。

他提醒士兵们："我们与你们一样，都是主的士兵，我的兄
弟们。而且如果一旦不幸发生，你们失去了我们和所有的军官，
我也确信你们战斗到底的决心不减。"姆迪纳的守军也发誓要战
斗到最后。拉·瓦莱特给他们的命令与他给大港湾守军的一样：
"不要俘虏。"每天早晨，直到围城结束，"他们都在姆迪纳的
城墙上吊死一名土耳其战俘"。

尽管土耳其人在圣艾尔摩堡陷落之后就开始将火炮瞄准圣
安杰洛堡，但他们还是花了几天时间为封锁两个主要据点做准
备。几乎所有之前耗费巨大人力运上希贝拉斯山的火炮和武器
不得不被拆卸，并经由马尔萨运往比尔古和森格莱阿所在的两

个海岬后方的陆地上。土耳其工兵还要挖出新的战壕和炮位，工程师不得不进行实地调查以确保最大限度地利用这片陆地的自然条件。

就在土耳其军队缓慢地行进并且准备主要作战行动的时候，拉·瓦莱特得到了一些及时雨。他不知道的是，就在圣艾尔摩堡垂死挣扎的那一天，一支小小的援军到达了戈佐岛北部海域。这支部队由四艘加莱船组成（两艘属于骑士团，两艘属于堂加西亚·德·托莱多），它们从墨西拿驶来并等待着抵岸卸下部队的最佳时刻。船上共搭载着 42 名骑士，以及 20 名来自意大利、3 名来自德国、2 名来自英格兰的"绅士志愿者"。同时还有 56 名受过训练的炮手和一支由 600 名帝国步兵构成的分遣队（从西西里和意大利南部征募的西班牙部队）。

在骑士德·罗夫莱斯（de Robles）这位骑士团杰出成员和著名战士的指挥下，这支"小小的援军"——后来以"援军小队"（Piccolo Soccorso）为人所知——被派往马耳他。他们接到的命令是若圣艾尔摩堡已陷落则不得登陆。西班牙海军指挥官堂胡安·德·卡多纳（Don Juan de Cardona）收到了总督大人的明确指示，如果守军被土耳其人消灭那么他就应该立刻返回西西里。

对于马耳他的守军来说幸运的是，当卡多纳得知圣艾尔摩堡命运的时候已经太晚了。在岛的西北部下锚后，卡多纳立刻派遣一名骑士登岸去侦察事态进展。他派出的信使迅速了解到圣艾尔摩堡已经陷落。但是信使在返回船上后对卡多纳封锁了这一信息，仅仅告诉了骑士德·罗夫莱斯。德·罗夫莱斯决定连夜悄悄穿过土耳其人的阵线支援比尔古。在得到登陆准许后，德·罗夫莱斯把所有部队都带上了岸。他带领部队一直沿着岛的西侧行进，成功避开了土耳其巡逻队。
这支援军从马尔萨敌军大本营的南边经过，绕过敌军正在比
尔古和森格莱阿后方建设的新阵地，来到了大港湾的水域附
近，位置大概接近今天卡尔卡拉渔村所在的地方。信使被派
去告知拉·瓦莱特有接近七百人的援军正在取道前往卡尔卡
拉海汊。同时，堂卡多纳也带着他的四艘加莱船返航西西里，
全然不知他已经被骗了。

6月29日深夜，德·罗夫莱斯带领"援军小队"穿过岛
上被土耳其人占领的区域并绕到卡尔卡拉。他的幸运绝非寻
常，当时恰好吹着西洛可风。这种温暖的南风在6月很少见，
因为这个时节盛行带来清澈天空的西北风。但是在湿润的西
洛可风从非洲大陆跨海而来时，经常伴随着厚重的海雾。它
以（就岛民所知）最快的方式给马耳他岛笼罩上一层北方大
雾。那天晚上这支部队所经过的多石山谷和狭窄小道都密布
着浓雾。光秃秃的道路和崎岖的山地变得湿滑难行。橄榄树
和未经修剪的葡萄藤闪闪发光、水滴不断。土耳其人围着营
地篝火缩成一团等待着黎明的到来。就这样，德·罗夫莱斯
的部队没有损失一兵一卒就安全地到达了卡尔卡拉海汊的岸
边。他们发现拉·瓦莱特派出的船只在那里已等候多时了。
他们静悄悄地划过仅200码宽的水面（该海汊的尖端已经被
土耳其巡逻队占领）。无人注意到船队，也无人在白色大雾中
鸣枪示警。"援军小队"又安全地在比尔古上岸。这是一场
胜利。在围城的这个阶段，七百名训练有素、精力充沛的援
军可是无价之宝。

第二天早晨土耳其人才知道发生了什么。基督徒掩饰不住
自己的喜悦，并且换上新战友的战旗嘲弄敌人。这可能解释了

为什么穆斯塔法帕夏决定在此时尝试进行一场谈判。尽管拉·瓦莱特残忍地处决了土耳其俘虏，尽管每一个证据都表明这些"刍狗之子"毫无投降之意，穆斯塔法还是幻想他能取得与在罗德岛一样的战果。他在圣艾尔摩堡损失的兵力与城堡的大小实在是不成比例。他给予拉·瓦莱特的条件与德·利勒·亚当在四十三年前接受的条件相同——现任大团长与其部下在献出马耳他岛后可以安全撤离。他们会受到优待，被允许从马耳他撤到西西里。

于是，一名信使打着休战旗去面见身在比尔古的大团长。在通过陆基城墙的大门后，他立刻被蒙上双眼。穆斯塔法帕夏选中的信使是一名年老的希腊人，他在孩童时期便沦为土耳其人的奴隶。之所以选他可能是因为他能说法语或意大利语，也可能是因为穆斯塔法认为基督徒奴隶会受到温和对待。不管怎样，这位老人被带到拉·瓦莱特面前。后者在听到土耳其人的建议后"根本不屑于回答"，然后他说道："把他带走，吊死。"

信使跪倒在地磕头求饶，大声喊着被选作帕夏的信使并不是他的错，多年以前被土耳其人捉到成为奴隶也不是他的错。

拉·瓦莱特不见得真的打算实现自己的威胁。但是他的立场十分坚定，不管信使回去对土耳其总司令怎么说，穆斯塔法要明白大团长绝不投降的决定是不会有任何改变的。

"重新蒙上他的眼睛。"他下令道。

这名老奴隶被带出议事会大厅，"然后他们把他从普罗旺斯防区的大门领出并带到普罗旺斯区和奥弗涅区的各个棱堡之间，解开他的眼罩让他看看眼前的深沟高垒……"

"你怎么想呢？"他们问道。这位老人看了看城墙的厚度，看了看城墙的高度，又看了看脚下的护城壕沟。

"土耳其人将永远不会攻下此地。"他回答道。随后拉·瓦莱特给了他对穆斯塔法的提议的回复。

"回去告诉你的主子这将是我给他的唯一领土。"大团长指向护城壕沟。"那里是他可以为自己索取的土地——假如他能用近卫军的尸体填满的话。"

他们将穆斯塔法的信使领到列好阵形的士兵中间，再次给他蒙上眼罩。他所经历的是如此骇人：令人生畏的大炮、城墙和防御工事，阴森而又静穆的甲士阵列，以至于——记述者告诉我们——"……他被吓得屎尿齐流"。

穆斯塔法对于拉·瓦莱特的回复的反应是暴怒欲狂。他已经给了这个基督教疯子最好的条件，得到的却是羞辱性的回复。作为圣艾尔摩堡的征服者、从奥地利到波斯超过一百场战斗的胜利者，竟然被一个基督教海盗、一群狂热分子的头子如此对待。他发誓道，他要攻下比尔古和森格莱阿，而且他要让这个该死的团体的每一位成员都死于刀剑之下。

现在舰队已经安全地停靠在马萨姆谢特湾的锚地，运送火炮和围城武器的问题解决起来变得容易多了。马萨姆谢特湾的顶端到骑士们的要塞的陆上距离不到两英里。穆斯塔法决心不仅要靠之前用于对付圣艾尔摩堡的火炮，还要动用所有用得上的武器来封锁比尔古和森格莱阿。借助牛、骡子和奴隶，他要将这些武器全部拉到科拉迪诺山上以及两大据点后方的陆地上。从希贝拉斯山和科拉迪诺山的高地上他将对森格莱阿城墙末端的堡垒"马刺"（spur）形成交叉火力并将其轰进海里。他会动员主力部队攻击森格莱阿的圣米迦勒堡。攻陷圣艾尔摩堡之后，这一地段就是敌人防线最薄弱之处。一旦圣米迦勒堡被夷为平

地而其守军受戮，他会将陆军和皮雅利舰队的所有军力投入对
比尔古和圣安杰洛堡的进攻中去。不会再有任何军队从陆地上
支援守军，也不会再有任何援军从海上到达。圣约翰骑士团最
后的家园将被完全包围。他们、他们的船只，以及他们的旗帜
永远不会再给苏丹的子民添麻烦。

第 20 章　进攻森格莱阿

　　岛上传来奇怪的声音。夏日的夜里回荡着鞭子的噼啪声、木头的吱嘎声和人的嘶吼声。在希贝拉斯山陆地一侧的末端，荒凉的山坡一路蜿蜒到马尔萨，在那里，黑夜的宁静被火把打破。摇曳不定的火光映照出赤身裸体的人们、汗流浃背的牛群，以及长长的绳子和锁链。然后，高昂的船首突然从黑暗中跃出。奇怪噪声的来源至此真相大白。这是舰船在圆木滚轮上被拖拽的声音，这些船从马萨姆谢特湾的海汊经由半英里远的陆路到大港湾下水。

　　穆斯塔法祭出了高明的一招。骑士们不是认为没有什么能通过圣安杰洛堡的重炮封锁吗？他们不是认为只要应对从南面陆地一侧攻过来的敌人就行了吗？现在他们将会发现之前被视为安全的心腹之地——大港湾——的水面上突然充满了敌军舰船。因为没有舰船，他们将无力应付这种威胁，被夹在中间的骑士团肯定无法坚持多久。

　　在几天之内，舰队所属的加莱船奴隶已经穿过将大港湾分隔开来的狭窄陆地，运送了八十艘舰船。大团长和议事会成员在看到船只若隐若现地越过山脊并缓慢下到马尔萨时不无沮丧。他们马上就明白了第一次进攻将在哪里开始。由于铁索的威力这些舰船无法进入比尔古和森格莱阿之间的水域，由于圣安杰洛堡重炮的封锁它们也无法向上行驶并从北面攻击比尔古。这些土耳其舰船是用来从南面攻击森格莱阿的。

这一别出心裁的计划通常被归功于穆斯塔法帕夏，但是很有可能其灵感来自图尔古特。因为后者就是用这招（将他的船从杰尔巴岛的海港经由陆上拖曳到岛的远端一侧）从多利亚的掌心中逃出的。

拉·瓦莱特关于第一次进攻必将落到森格莱阿的预测通过一种不同寻常的方式得到了证实。一名叫作扎诺格拉（Zanoguerra）的骑士当时正在森格莱阿的"马刺"上值勤，他突然注意到希贝拉斯山山脚下的海滩上有人在向他挥手。他立刻通知大团长似乎有一名土耳其逃兵正在试图与他们取得联系。从外表上看，这个人绝非奴隶，反而是有重要身份的人。拉·瓦莱特下令派出一艘小船去带回这个逃兵。正当小船出发的时候，土耳其人也发现了己方的叛徒并立刻派出一队人追下希贝拉斯山，意图将他截获。这个土耳其人知道被抓住后的下场，因此尽管不会游泳，但还是毫不犹豫地跳入水中。看到他在水中拼死挣扎而且马上就要沉下去，三名森格莱阿守军中的水手跳进大港湾并向他游去。他们成功地帮助这个土耳其人浮在水面直到小船到达。巴尔比记录下了三位营救者的姓名——锡拉库萨人齐亚诺（Ciano）、普罗旺斯人皮龙（Piron），和一名叫朱利奥（Giulio）的马耳他人。

这名土耳其军官确实不是一般的逃兵，他来自一个名为拉斯卡里斯（Lascaris）的古老且高贵的希腊家族，前后有三位拜占庭皇帝出自这个家族。拉斯卡里斯在年轻的时候为土耳其人所抓，随后升迁为土耳其军队里的高官。他对土耳其军队的战术了如指掌，还深知穆斯塔法及其参谋们为当前围城战制订的特殊计划。韦尔托记录下了拉斯卡里斯突然决定将自己的命运押到骑士团这边的原因："骑士们每天展现的史诗般的英雄表现引起了他内心的共鸣；他责备自己与蛮族为伍，而正是这些蛮族杀死了自己家族中的大部分亲王，还迫使其他人于君士坦丁堡沦陷后在边荒之地过着流放生活。"

　　来到大团长面前后，拉斯卡里斯对自己这些年来为虎作伥的行为表示了悔恨，并把他知道的信息和盘托出。在接下来的几周里，拉斯卡里斯证明了他的建议极有价值，在对抗蛮族的战斗中也英勇非凡。他告诉拉·瓦莱特当务之急是加强森格莱阿南面的防守。一旦所有八十艘舰船在大港湾下水，穆斯塔法就会集中力量从海陆两侧对该海岬发起攻击。当陆军主力进攻圣米迦勒堡的时候，这些舰船将在森格莱阿各处放下登陆部队——从"马刺"到海汊尖端。

　　第一批围城火炮已经被拉到了俯视着森格莱阿的科拉迪诺高地上，而熟练的火绳枪手也重施他们在圣艾尔摩堡的行之有效的故伎。只要有人在城垛上露头，那么其性命就难有保障。拉·瓦莱特决定沿着海岸建起一道栅栏或者说屏障，其强度要足以阻止土耳其人的船只靠岸，厚度也可以阻碍土耳其士兵游上岸。马耳他工兵和桨帆船上的水手在工作了九个夜晚之后——他们每天一到清晨就被迫息工——还是及时完成了任务。

　　这道栅栏沿着森格莱阿一路延伸到堡垒末端，由指向大海的木桩组成。虽是临时制造的，但不失为一大杰作。这些木桩顶端都安装了铁环，一根铁链穿过这些铁环。有些地点因为水太深或是底部太坚硬无法插入木桩，守军便将长帆桁和桅杆钉在一起。即使有了这道屏障，拉·瓦莱特还是不满意，他注意到土耳其舰队可能会试图从大港湾的入口处攻击比尔古的北面城墙，于是又下令在卡尔卡拉海汊建起一道类似的屏障。这道屏障沿着比尔古守军的三个主要防区，卡斯蒂利亚、德意志和英格兰语区设立。（到此时为止，英格兰语区的防线由奥利弗·斯塔基爵士及其麾下的外籍士兵组成的混合部队坚守，这支部队还从骑士德·罗夫莱斯的援军那里接收了两名英国志愿者。巴尔比记下了他们的名字——胡安·施密特［Juan Smilt，或是约翰·史密斯（John Smith）?］和爱德华多·斯塔摩尔［Eduardo Stamle，或是爱德华·斯坦利（Edward Stanley）］。这两名幸运的士兵很可能是定居在罗马而不再返回伊丽莎白女王治下的英格兰的天主教信徒。）

在 7 月第一周的周末，大规模的炮击开始了。大概有六十至七十门大炮，从希贝拉斯山、盖洛斯角、萨尔瓦托雷山和科拉迪诺高地，对圣安杰洛堡、圣米迦勒堡，以及比尔古和森格莱阿的村落形成交叉火力。最密集的炮火落在了圣米迦勒堡和森格莱阿，尤其是在穆斯塔法准备将其舰船突入大港湾之前。看到骑士们在沿森格莱阿的海岸边设立了栅栏，他下令在进攻开始之前就将其摧毁。

一些水性好的土耳其人被专门挑选出来，在科拉迪诺山下的海岸边下水。那道栅栏就是他们的目标。他们带着短柄小斧游四五百英尺穿过海汊，在守军还没意识到发生了什么事情之前就开始摧毁新设立的海岸防御工事。森格莱阿的指挥官德·蒙特（de Monte）在得知这一消息后，立即召集志愿者去驱逐土耳其人。在那时，很少有人能成为游泳好手，即使水手也不例外；但是马耳他人从孩提起就深谙水性。他们翻过城墙，冲下水边的礁石，赤条条地跃入海中向栅栏游去。

在清晨明亮的阳光下，平静的水里上演了围城以来最为奇特的一场战斗。马耳他人口衔小刀短剑游了过去，土耳其人则挥舞着他们用来砍断木桩的武器迎击，双方围绕着工事的铁索和木桩缠斗，或是周旋于深水之中，或是立于栅栏之上，展开近距离的肉搏。马耳他人本来就在水性上胜出一筹，再加上胸怀驱除敌虏的熊熊斗志，土耳其人哪里是他们的对手。一名土耳其人在搏斗开始几分钟内就被杀死，其他人都受了伤。血染水面后，土耳其人溜之大吉，而胜利者则开始修复受损的工事。巴尔比记下了其中四名马耳他英雄的名字——佩德罗·博拉（Pedro Bola）、马丁（Martin）、胡安·德尔·庞特（Juan del Pont）和弗朗西斯科·萨尔塔隆（Francisco Saltaron）。这些名字听起来并不像传统的马耳他名字，无疑是被巴尔比翻译成了发音相近的西班牙姓名。关于战斗本身，他如此描述："他们以如此无畏的精神去攻击土耳其人，我敢说，除了他们的族人，任何其他民族的士兵都不可能比他们更英勇了。"

第二天早上，穆斯塔法派出更多的部队乘船前来，并将船上的缆绳固定在这些木桩和桅杆上。这项工作完成后，缆绳的另一端被带回并固定到科拉迪诺海岸边的绞盘上。成群的奴隶开始用尽全身力量转动绞盘。当缆绳从水面升起时，大片大片的防御工事也渐渐被连根拔起。马耳他士兵再一次冲出森格莱阿游向栅栏。到达防御工事后，他们抓住锁链，跨坐在上面并开始割断土耳其人的绳索。第二次摧毁栅栏的尝试同第一次一样被挫败。

穆斯塔法帕夏决心不再拖延。图尔古特的女婿、阿尔及尔总督哈桑在几天前已同他会合。哈桑在察看陷落后的圣艾尔摩堡时，以"我无法理解它是怎样坚守这么长时间的"这种不够圆滑的评论激怒了他的上级。他还暗示进攻缺少必要的冲锋和火力，并自告奋勇要领导针对森格莱阿的第一轮进攻。他说他的副官坎德利萨（Candêlissa）将负责海面上的进攻，而他本人会率领自己的阿尔及利亚士兵从陆上进攻圣米迦勒堡。

穆斯塔法很乐意让这个毛躁的救火队员吃点苦头，感受一下骑士团的抵抗有多么凶猛。7月15日拂晓后，帕夏发出了第一次总攻的信号。在科拉迪诺山山顶上他观察着坎德利萨率领船队从马尔萨出发，而哈桑也一马当先率军冲向森格莱阿陆基城墙和圣米迦勒堡。当进攻开始的时候太阳才刚刚升起，连站在城墙上的守军也不得不承认穆斯林的进军是一幅壮观的景象。巴尔比的岗位在森格莱阿城墙末端的堡垒上，他看到了侵略者的全部人马——船队从南面向大港湾驶过来，不计其数的小船满载着战士从对面海岸出发。"……这真是一幅最美丽的景象——如果形势不是如此凶险的话。"

入侵舰队打头的是三艘载着伊玛目的小船。伊玛目们身着深色长袍，向真主祷告这是一场圣战。他们后方是大群穆斯林首领、土耳其人和阿尔及利亚人，都穿着富贵的丝绸，装饰着金银珠宝，头戴镶嵌宝石的精美头巾，手执亚历山大和大马士革造的弯刀。他们手中精良的非斯（Fez）制火枪既能致人死命且又装饰得华美异常。

当第一波船队接近栅栏的时候，桨手们加倍努力，使船以全速冲向木桩和铁链。但是骑士团工兵的工作完成得实在是太好了。满载士兵的船只被挂在防御工事上寸步难行。森格莱阿城墙上的火枪手看到敌人已经进入射程，就开始射出致命的枪弹。先锋船上的坎德利萨催促手下士兵跟着他跳入水里。很快进攻者们就向海岸游去而后涉水前进，他们将盾牌高举过头顶防护子弹和燃烧弹。安装在堡垒上的两门臼炮这时本应轰击土耳其军队以阻止其前进，但是由于炮手或伤或残而没有开火。

土耳其人将漂在浅水里的同伴的尸体抛诸身后，冲上海岸并准备攀登城墙。

在登陆部队登上滩头冲到森格莱阿城墙下的同时，哈桑和他的阿尔及利亚士兵正在攻击陆基城墙。决心向穆斯塔法证明巴巴里海岸的士兵要比土耳其士兵更善战更勇猛，阿尔及利亚人不顾个人生死，等不及城墙出现缺口就狂吼着冲了上去，试图将云梯搭在森格莱阿防守最强的地段。而后发生在他们队列里的屠杀无法用言语形容。炮弹不时地在前进的队伍里炸出好几个大洞。"但是他们仍满怀热忱和决心地冲锋以至于很快就有人看见他们的旗帜在胸墙上飘扬。"带领"援军小队"到达比尔古的骑士德·罗夫莱斯被任命为这一地段的指挥官。正是他本人指挥着炮火给阿尔及利亚人的队伍造成最大的破坏。但是，尽管这样，一大队阿尔及利亚人如同蜂群一般登上胸墙，钉在那里与基督徒混战。时不时有人抽搐着掉落到墙下的壕沟里。

与此同时，海面上的进攻有了成功的迹象。一个森格莱阿海基城墙一侧的邻近"马刺"的弹药库由于火星掉入突然爆炸。当守军在爆炸声和烟雾中踉跄后退寻找安全之地时，一段城墙倒塌滑落到水中。坎德利萨的部队没有错过这次机会。他们迅速冲上城墙倒塌后形成的烟雾弥漫的斜坡。当烟雾散开，基督徒惊恐地发现土耳其旗帜已经在缺口处飘扬。这一地段的指挥官扎诺格拉立刻组织了一次反冲锋。在他的身边，一手拿着十字架，另一只手紧握利剑的是令人望而生畏的弗拉·罗伯托（Fra Roberto）。罗伯托是骑士团的一名神父，按理说不应该拿着武器。然而，他把袍子提到腰间，冲向敌军，号召守军"与世人一样死，为信仰捐躯"。

当战事演变为关乎个人信仰的对决时，个人可以拥有极大的号召力，像扎诺格拉这样的指挥官，或是弗拉·罗伯托这样的神职人员，往往能够扭转乾坤。身形高大的扎诺格拉身着闪亮的盔甲，如同一支长矛的矛头。入侵者开始后退，战斗的态势随之一变。但是在这个时候（这种事几乎就是不可避免的硬币的另一面），扎诺格拉被一名火枪手射杀。他的死引起一阵恐慌。土耳其人立刻爆发出欢呼声并且重新杀了过来。

正是在守军的这一危险时刻，拉·瓦莱特的远见奏效了。他知道森格莱阿的守军实力和防守能力都没有比尔古和圣安杰洛堡的强，因此之前就已经在两个海岬之间建起由小船连接的浮桥以便两个海岬互相增援。看到敌军旗帜已经插在森格莱阿远端城墙上，他立刻向受到威胁的位置派出一支强大援军。森格莱阿的士兵看见他们的同袍从浮桥上跑过来，便再次安下心来。在新到援军的帮助下缺口部位的防守马上稳固下来。

当拉·瓦莱特向森格莱阿派遣援军时，在科拉迪诺山上观察着战事起伏的穆斯塔法帕夏决定是时候使出他的王牌了。他事先保留了十艘大船，船上搭载着一千名近卫军，准备在战事进行到最关键的时候将他们投入最重要的战场。现在就到了这一时刻。他能感觉到胜利已在他的掌握之中。

他下达了命令，麾下参谋中的一名军官向希贝拉斯山发出信号。十艘满载近卫军的大船正在海边翘首以待，一接到信号就立刻下水向森格莱阿驶去。穆斯塔法的意图是，当守军全部投入南面城墙的战斗中时，他的这支千人精兵就在森格莱阿北部尖端登陆——封锁海汊入口的铁链还没有延伸到这里。他看着这支部队穿过大港湾，打头的船开始消失在森格莱阿尖端后方，不由露出充满期许的微笑。

但穆斯塔法不知道的是，另外一位观察者也密切注视着近卫军的船队。骑士德·吉拉尔（de Guiral）指挥着一个位于圣安杰洛堡下方与海面持平的拥有五门大炮的炮台（这个隐蔽的炮台，之前被土耳其炮手和工程师忽略，就是用来阻止船只闯入海汊的）。德·吉拉尔几乎不敢相信这些土耳其人真的敢放马过来，而且胆敢在自己的大炮的鼻子底下登陆，于是赶紧下令给大炮装填弹药。

德·吉拉尔的炮台距离森格莱阿北端只有200码。随着敌船渐渐进入视野，这位骑士意识到敌军无疑将试图在他的对岸登陆。当所有舰船行进到与大炮呈一条直线的时候，他下令开火。

铁球和弹片席卷过水面。近卫军在发现自己身处火力网之前就被炸得粉碎。在如此短的距离内，这些满载士兵的船根本没有机会逃脱。第一次齐射就有九艘船被击中。第二次齐射将这些船完全打烂。在火炮的雷鸣轰响中，水面被激起一股股水柱，被撕扯开的白浪中铁链和弹片猛烈冲击着船只。穆斯塔法原本计划带来当天转折点的撒手锏瞬间陷入一场灾难。九艘船被击沉，九百名士兵被抛入海中。第十艘船好不容易才穿过港湾逃回希贝拉斯山下。

> ……这一天［巴尔比写道］吉拉尔的炮台被公认为拯救了全岛［森格莱阿］。毫无疑问，如果敌军的船队成功地让其部队登陆，我们将无法再坚持多久。

数百名奄奄一息的土耳其人最终沉入了圣安杰洛堡与森格莱阿"马刺"之间狭窄的水域里。那些设法逃上海滩的人也没有幸存下来。想起圣艾尔摩堡的骑士和士兵们受到的残忍对待，森格莱阿的马耳他居民们没有留下一个活口。由此产生了"为圣艾尔摩堡报仇"（St Elmo's Pay）的说法（且在马耳他岛上仍在使用），用于指某种毫不留情的行为。

穆斯塔法没有立刻认识到这场灾难的损失有多大。因此攻击行动仍在继续。进攻者们继续从科拉迪诺乘船出发，跌跌撞撞地爬上礁石冲向森格莱阿的城墙。哈桑的阿尔及利亚士兵也继续冲击着圣米迦勒堡，在城墙上展开肉搏战。

一名土耳其人看到骑士德·奎纳利（de Quinay）正在屠杀自己的同胞，便向他冲去——只要能杀了他牺牲自己也在所不惜——并在近距离冲着他的头开了一枪。几乎是同时，另一位骑士用剑把这个土耳其人刺了个透心凉，并把死尸抛在其受害者旁边……其间，马耳他的居民们（包括妇女和儿童）向攻击者投掷石块和燃烧弹，并向他们倾泻大锅大锅的沸水。

进攻持续了五个多小时。正午的焦热也没有使得对饱受重创的半岛展开的海陆攻击停下来。哈桑直到损失惨重得无法重新组织人马进行进攻才叫停攻势。对比基督徒 250 人的阵亡数，土耳其人的损失接近 3000 人。

很多贵族在这天的作战中倒下，其中有西西里总督的儿子弗雷德里克·德·托莱多（Frederic de Toledo）——这个穿着修士服的前途远大的年轻人被他父亲留在马耳他作为对增援马耳他的保证。大团长对他一向照顾有加，但是，在援军冲过浮桥增援森格莱阿的时候，他从大团长身旁溜走并加入了援军队伍。他在森格莱阿的堡垒上被一发炮弹击倒，他的钢甲碎片杀死了旁边的一位伙伴。在同一场战斗里，西蒙·德·索萨（Simon de Sousa），一位著名的葡萄牙骑士，"不顾自身安危，在忙着修复城墙缺口时被一发炮弹削去了脑袋"。

当阿尔及利亚人狼狈不堪地从圣米迦勒堡撤下时，骑士们打开了城门。守军冲出来紧追四下逃跑的敌人。哈桑这才意识到他早先的骄傲自大。他以惨重的代价了解到，正如穆斯塔法在圣艾尔摩堡见识到的那样，这不是普通的敌人。哈桑之前曾在穆斯林的大型围城战，例如奥兰（Oran）和凯比尔港（Mers-el-Kebir）之战中担任指挥官，但是他还从未遇见过守城者如此激烈的抵抗，以及他们如此坚定的宁死不屈的决心。他的将领坎德利萨仅以身免。收到撤退的命令后，坎德利萨和他的人马跟跄着通过浅滩跑回船上。水中堆积着士兵们的尸体：阿尔及利亚人、土耳其人、法国人、意大利人和马耳他人。回头望去，他看见手下的一些人因为无法跑回自己的船上便试图投降。

"绝不宽恕！记住圣艾尔摩！"森格莱阿的居民们喊道。在坎德利萨和他被击败的部队夺路逃回科拉迪诺和马尔萨的同时，土耳其人的大炮再次开始轰击被鲜血浸透的城墙。因失败而愤怒的穆斯塔法要确保守军没有休息的机会。

当天夜里，三五成群的马耳他游泳者在海岬两边的水域里忙碌着。他们将穿着华丽的土耳其人的尸体拖上岸，夺走上面的珠宝和戒指，以及带有漂亮装饰的匕首和钱包。"……随后几天里，死者的尸体漂浮在水面上。马耳他游泳好手洗劫了这些尸体并收获了丰厚的战利品。"

第 21 章　武器和士兵

7 月的正午温度达到了 90 华氏度。尽管骑士、马耳他人和士兵们已经与土耳其人和阿尔及利亚人一样习惯了夏天的烈日，但是双方的作战状况还是大为不同。基督徒被限制在小小的城堡中，每一盎司面包和每一罐水都要仔细安排、节约使用。穆斯林则能在夜间从容地退入帐篷里，享用适量的食物和充足的水。

在应对夏日炎热方面有一点入侵者要比圣约翰骑士团占优势。穆斯林穿着宽松的长袍，很少穿戴甲胄。他们的长袍在进攻堡垒遇到守军的燃烧类武器时处于劣势，然而在平时，长袍很凉快并能保护主人不受烈日的伤害。另外，很难想象骑士们是如何忍受盔甲的重量和闷热的。在 7 月的烈日下，马耳他的石头摸上去都烫手。

在盔甲历史上［C. J. 福克斯（C. J. Ffoulkes）写道］很神奇的一件事就是，十字军是如何在烈日炎炎的东方土地上穿着厚厚的编织物再包裹上过度沉重的链甲作战的，穿上或是脱下这套装备是如此费事，因此十字军战士们应该白天黑夜都穿着它……

到了马耳他围城战的时候，骑士们已不用再为前辈的链甲所困扰。但他们可以在马耳他（一个不比巴勒斯坦和叙利亚凉快多少的地方）的盛夏长时间作战，这一点仍令人惊奇。很有可能板甲要比链甲凉爽一些，然而事实是，骑士们仍会在里面穿一件皮制或布料织成的长上衣。这种上衣的设计初衷是保护他们的身体在遭受击打时不受瘀伤之苦。

马耳他位于突尼斯和摩洛哥海岸线的南侧，实际上是在很多以盛夏的高温著称的城市以南（阿尔及尔和奥兰都在马耳他的北面）。在 6 月——土耳其人开始对森格莱阿和比尔古发起总攻之时——正午气温超过 90 华氏度是再正常不过的事了，而且还时常伴随着高达 72% 的湿度（在这种条件下，金属烫得无法触摸）。这一事实体现了骑士们的体力和忍耐力，他们在穿着盔甲的情况下，还能在这样恶劣条件下战斗六小时。当然中暑也不罕见。骑士尼古拉斯·厄普顿（Nicholas Upton）的例子就是这种情况，他是一位英格兰人而且是他所在语区的首领。1551年，在图尔古特发动的对马耳他岛的一场攻击中，厄普顿没能熬过高温，因心脏病发作而摔下马头，横死当场。记述者告诉我们，他是"一个身形巨大且肥胖的人"。

围城期间，圣约翰骑士团的骑士们的盔甲类型多种多样，这是因为到了 16 世纪中叶，盔甲匠的工艺已经达到了精妙绝伦的水准。实际上，盔甲制造艺术已经过了巅峰期，正朝着艺术夸张的趋势发展，与绘画和建筑艺术中的巴洛克风格类似。盔甲匠在前期作品的基础上又做了一些改进。一种新型头盔——双层护面头盔或者叫作封闭式头盔——变得流行起来。原先作为良好的头部保护装备的头盔上增加了可以活动的面甲，使用者可以根据需要随时将其掀开或者合上。一些骑士和士兵则戴着开放式的头盔——轻盔（Salade）。这种头盔在经历了近一个世纪的演化后变得更加凉爽且更适应炎热气候。然而，轻盔使得脸部暴露在外，且它的另外一个劣势是在一对一的肉搏战中很容易被从头部击落（在外观上它与现代美国陆军的头盔有些相像）。威尼斯轻盔（Venetian Salade）则与众不同，它基于古典时代希腊士兵戴的头盔，能保护鼻子和面颊。

重量乍一看好像是盔甲最大的不便之处，但实际上不像炎热那样难以忍受。一副合身的盔甲——圣约翰的骑士们去他们的盔甲匠那里就有如当代富人去找自己的裁缝——被妙手打造得能将自身重量平均分配到全身。"人们发现，若盔甲活动部分的所有关节，比如肘部和膝部，都根据穿戴者的尺寸经过准确调整，则金属的实际重量很少会让人有不便感；重量分散得很好，以至于相对沉重的盔甲穿起来并没有太多不舒服的地方。"除了行动速度被显著降低之外，骑士很难感受到他所负载的重量。然而即使这样，要记住的是骑士们穿着的可能是重达 100磅的盔甲（瓦莱塔宫殿里保存着的一副 16 世纪盔甲的总重量达110 磅，背甲重 22.5 磅，头盔单重 25 磅）。一块特制的加强型防弹胸甲可能重达 18 磅。这些盔甲都用火绳枪弹测试过，但是不一定就能防弹。我们知道扎诺格拉就是穿着这样一副盔甲在森格莱阿的战斗中被射杀的。

骑士们出于传统和习惯还是穿着盔甲进行战斗，而他们的士兵们则穿着更轻一些的护甲。皮制上身护甲被认为足以抵挡刀剑或是长矛的伤害。当时流行的一类皮制护甲就是所谓的布里根泰恩皮甲（Brigantine jacket，瓦莱塔的兵器库里有一副这样的皮甲，据称曾属于图尔古特）。这些皮甲由通过铜钉固定并串在亚麻或皮制底料上的小铁片制成。

围城战中还有些骑士穿着一种轻便又美观的盔甲，叫作"马克西米利安式盔甲"——以神圣罗马帝国皇帝马克西米利

安 （Maximilian） 命名。这种盔甲由该皇帝的盔甲匠佐森霍夫 （Seusenhofer） 打制而成。皇帝曾向盔甲匠抗议当时流行的盔甲太重，并说道："你应该按照我希望的那样去打造盔甲，因为去战斗的是我而不是你……"马克西米利安式盔甲于 16 世纪变得广为流行，因为它采用了在薄板材上加工出隆条（形成沟槽）的工艺，使得它的重量较板甲更轻。这种工艺意味着盔甲有了倾斜的表面，结果就是落在上面的打击都会因这些沟槽而发生偏转。

无论在炎热的天气下盔甲有多少缺点，穿盔甲的士兵都能在肉搏战中比未穿盔甲的对手有更大的生存概率。骑士团在围城战中相对较小的伤亡不能完全归因于他们在要塞后作战。骑士们经常暴露在极其危险的位置上却仍能从火枪射击和剑砍矛刺中生还，在这件事上德意志、意大利、西班牙和英格兰的盔甲匠也有一份功劳。

马耳他围城战标志着战争史上的一个过渡阶段。从那时起，持有步枪或火绳枪的普通士兵开始在与穿戴盔甲的旧式贵族的战斗中取得压倒性优势。"土耳其人，"朱里安·德·拉·格拉维埃写道，"在罗德岛围攻战中还不太习惯使用火绳枪。但对于我们来说不幸的是，他们从在匈牙利的作战中开始慢慢熟悉这种武器……"这一时期最伟大的火枪制造商无疑是日耳曼人，而就是从他们那里，以及从匈牙利战争里缴获的武器中，土耳其人发展出他们自己高效的小型武器制造工业。

马耳他围城战中土耳其火枪手的效率要比基督徒高得多。尽管在弹药装填上比其欧洲同类需要更长时间，"7～9 掌宽长的"土耳其火枪是一个精准的利器。守军很大一部分伤亡是由它造成的。

在对圣艾尔摩堡、森格莱阿和比尔古的攻击中，武器——

除了火器之外——与其存在了数个世纪之久的前辈们相比实际
变化并不大。剑、斧、长矛、戟（长矛和战斧的组合物），以
及战锤都能在双方军队里找到。战争是人与人之间的，也正是
因为这个事实而更恐怖。除了火炮轰击之外，人与人只能在近
距离对战。他们展开近身肉搏，挥舞着比几千年前稍微复杂些
的武器。在马耳他，宗教战争达到了高潮。如果双方阵营都相
信他们看见了头顶蓝天之上的天堂的话，那么他们其实对地狱
已经无比熟悉。

第22章　死神降临马尔萨

　　在对森格莱阿发动第一次大规模攻击之后，穆斯塔法行动起来更加谨慎。他决定采取与进攻圣艾尔摩堡时一样的战术：削弱城墙防御能力，并通过不停的炮击来消耗守军士气。然后，一旦他的工程师们判定两城已出现缺口，他就会投入陆军的所有力量对这两地同时发起攻击。这样他就能够阻止拉·瓦莱特在两城之间调动新生力量互相支援。两城的守军都将被疲劳和炮击打垮，还要被迫同时投入防御作战。

　　确实，攻陷圣艾尔摩堡足足用了一个多月，而森格莱阿和比尔古——尤其是后者——更为强大。但是穆斯塔法有理由自信不必担忧来自西西里岛的大批援军。皮雅利的舰队一直在戈佐岛北部警戒，对试图通过封锁的援军严阵以待。

　　但是个别船只或小型舰队就是另一码事了，而且穆斯塔法也为德·罗夫莱斯的七百人如此轻松就抵达了比尔古一事感到忧心忡忡。他确保再没有任何小分队能溜过他的封锁线并穿越卡尔卡拉海汊。只有卡尔卡拉这一小块海岬没有被土耳其军队占领。从南面，森格莱阿已经被科拉迪诺高地切断，而且希贝拉斯山以及大港湾入口处都已落入土耳其人的掌握之中。穆斯塔法现在指示他的工程师们完成从萨尔瓦托山到卡尔卡拉海汊的护墙的建造工程。同时，他又为萨尔瓦托山上的炮台增加了十六门火炮，其中有两门是可以发射 300 磅重石弹的巨型蜥炮。

　　回想起是守军中的兵变以及不满情绪加速了罗德岛的陷落，

穆斯塔法并没有忽视心理战的重要性。他认为马耳他人对给这一小岛带来一片废墟的骑士团并没有多少好感，便试图通过指出在现任主子的管理下他们的待遇有多差而唆使马耳他民兵叛变。马耳他语与阿拉伯语十分相似，因而不难暗示马耳他人，相比于这帮不光鄙视他们还不愿屈尊讲马耳他语的欧罗巴贵族老爷们，穆斯林与马耳他人更亲近。穆斯塔法向马耳他人承诺如果他们放弃战斗的话就能享有自由且公正的待遇。

马耳他人与阿拉伯人在血缘和语言上相近倒是正确无误。这个群岛被阿拉伯人占据了两百多年［直到诺曼人罗杰斯伯爵（Count Roger）于 1090 年将其夺回到欧洲人的控制之下］。但是马耳他人对教会的忠心坚如磐石，因此穆斯塔法的企图成了泡影。对于马耳他人应该抛弃现任主子或放下武器的建议，他得到的回复是："马耳他人宁愿成为圣约翰骑士团的奴隶，也不愿与土耳其人为伍。"

在森格莱阿和比尔古围城期间，据传只有一个人准备接受敌人的条件。那是一名意大利士兵，从德·罗夫莱斯的援军中加入守军。在穆斯塔法的使者拜见拉·瓦莱特后，土耳其人开出的条件传播开来，这个不幸的人脱口而出他认为现在已经没有希望因此只能接受这些条件。守军指挥官知道这样的怯懦很容易在军中传播，于是立刻将他带出堡垒吊死了。

皮雅利现在负责指挥对比尔古的作战行动。穆斯塔法帕夏指挥对森格莱阿和圣米迦勒堡的进攻，而坎德利萨，这位声誉大跌的哈桑副手，则负责指挥舰队昼夜巡逻在大港湾的入口。在其他新部署中，穆斯塔法在比格利，比尔古北面的一个短小海岬上又设置了一个大炮台。从北面和南面，从陆地一侧到东面，两座城堡都承受着密集的火力。"石块和金属的暴雨直落到房屋上，尽管这些房屋是由石头建成的，但还是瞬间化为废墟……"卡斯蒂利亚的防区位于比尔古面向陆地一侧末端的堡垒区，这里最先遭到炮击。在 7 月的最后一周里土耳其炮手不给守军留下丝毫喘息的余地。"整日整夜，"巴尔比写道，"敌人的炮火从未停息……"

为了保护比尔古的居民，拉·瓦莱特下令在各条街道上建起坚固的石墙工事。考虑到土耳其人有可能放过他们的穆斯林同胞，他下令由奴隶来执行这项工作。但是，既然大团长能牺牲自己在圣艾尔摩堡的兄弟们，土耳其人也一样残忍。奴隶们一开始建造这些新屏障，就立刻落入致命的火力网中。在监督者的鞭打之下他们继续工作着，同时成百成百地倒下。连守军也不由为奴隶们的困境所动容。巴尔比记录道有超过五百名奴隶死在了工地上，并将他们称为"这些可怜的生物"。一些奴隶试图发动叛乱反抗从事这样的工作，但都被处死了。"在严厉，实际上极其残忍的对待下，"W. H. 普雷斯科特写道，"这些不幸的人才被迫重新开始工作。"任何表现出不情愿的奴隶都会被割去双耳。

预料到比尔古有可能受到来自海上的攻击，拉·瓦莱特加强了卡尔卡拉海汊内村落边缘礁石区的沿线防御。如在森格莱阿的那样，他决心让敌人通往城墙的路径尽可能地充满困难。数条驳船被装满石块后沉入岸边的海水里，并被取自加莱船的沉重铁链捆在一起。

现在已是 8 月的第一天。按承诺一个多月前就应到达的援军没有任何身影。形势很明显，在守军的援军到达之前，土耳其人有充分的时间将其军队的全部力量投入进攻。比尔古和森格莱阿的状况如此险恶，以至于大团长认定大规模进攻随时都有可能发生。

大团长的判断在 8 月 2 日应验了。就在拂晓前，敌军开始移动，而当第一缕阳光照射在大地上时预备炮击开始了。每个炮台都立即开火，环绕着守军的每一处山头和山脊都喷射出火焰。"炮声是如此巨大以至于锡拉库萨和卡塔尼亚（Catania）的居民都能听到，这两座城市一个离马耳他有 70 英里远，另外一个有 100 英里远，那里的人们听到的巨响好似雷声轰鸣。"单是在萨尔瓦托雷山就有 38 门火炮在开火，其中有 26 门在炮击卡斯蒂利亚的堡垒区，8 门在炮击奥弗涅和德意志防区，还有 4 门在炮击圣安杰洛堡。圣安杰洛堡还受到了来自盖洛斯角、希贝拉斯山和圣艾尔摩堡的炮台的火力攻击。在科拉迪诺高地上，同样多的火炮也在轰击森格莱阿和圣米迦勒堡。"看起来这两个海岬就如同海上的两座浓烟滚滚的火山，一个是维苏威，另一个则是埃特纳①。"

这是围城以来最大规模的炮击，在土耳其总司令看来似乎没有人能在这两堆海岬上的残垣断壁中存活下来，更别提作战了。天空晴朗，万里无云，整座岛都在太阳下摇摇晃晃。土耳其人从每一道山脊和山坡上像暴风一样冲向这两座城堡的城墙。然而，一如既往的是，在受到六个小时不间断的攻击之后，基督徒还是坚守到了最后。足足有五次土耳其人被守军从圣米迦勒堡驱赶了出来。他们不止一次进入了城墙的缺口，但随后就被凶猛的反冲锋逐回。虽不情愿，帕夏还是在下午的早些时候下令自己的部队撤退。

在夏日沉闷的空气里，笼罩在海汊上的烟雾过了几个小时

---

①　维苏威和埃特纳都是意大利西西里岛的著名活火山。

才散去。直到日落时分微弱的海风将这些烟雾吹向海岸，穆斯塔法才再次看清敌人的城墙。圣约翰的大旗依然飘扬在被炮弹重伤的森格莱阿和比尔古之上。进攻一方的损失十分惨重。穆斯塔法决定继续对这两个目标进行五天不间断的炮击。

在那些天里，守军动员了所有用得上的人。男人、女人和儿童并肩工作，修复缺口，重建街道上的屏障，制造燃烧弹，修理受损的火炮和武器。利用两场进攻之间的短暂间歇，拉·瓦莱特设法给西西里总督又发去一封信函。尽管两个半岛被敌人包围起来，但是多亏了出色的马耳他信使，通信还是畅通无阻。自打出生起就对这个小岛上每个角落和每个山洞烂熟于心的马耳他信使总是能穿过敌人的封锁线到达姆迪纳。从那里这些信被传递到小岛北部和戈佐岛，然后由来自马萨勒福恩（Marsalforn）这样的小村子里的渔夫接管。他们在夜里驾驶着自己的小船偷偷向东驶去，避开皮雅利的巡逻舰队，然后，在天亮前改变航线，扬帆起桨慢慢划向西西里岛南端的帕萨罗角。这些人表现出超凡的航海技艺和勇气。每一个人都知道如果被土耳其人抓住就会被酷刑折磨致死或者——最好的下场也不过是——被发配到加莱船的桨座上。然而，整个围城过程中，没有一则记录表明拉·瓦莱特发出的信函没有到达目的地。

8月7日，在五天的狂轰滥炸之后，进攻又开始了。天亮之后，即使是最勇敢的守军也不禁感到心在沉下去。无论是从哪个堡垒或是城垛望去，满眼都是土耳其人和星月旗。守军处于火力包围圈的中间，四面八方都是敌人的炮火。炮声刚一停止，对比尔古和森格莱阿的进攻随即展开。皮雅利的人马冲过卡斯蒂利亚防区正前方的壕沟——这条壕沟有一半已经被城墙的碎石填满了。他们冲入一处裂口，这一地段的主城墙已被弃守。急于获取胜利的土耳其人蜂拥进入看起来无人防守的区域——却愕然发现面对他们的是另一堵内墙。在拉·瓦莱特的监督之下，这些内墙沿着比尔古所有的陆基城墙被建造起来，这样一来即使敌人突破主城墙，也只能眼睁睁地落入陷阱。从外部城墙拥入的大批部队遭到了守军的毁灭性打击。困于两道城墙之间狭窄的空间里，而且因为被身后跟来的大批部队无情地推动着而无法转身，这些土耳其人被成百上千地屠杀。

守军一直等到发现进攻者开始动摇的时候才开始他们的反击。他们利剑在手，从工事里一跃而起，把进退两难的土耳其人打得溃不成军。敌人在向城墙缺口发起第一轮冲锋时就因为守军大炮损兵折将，而后在两道城墙之间被火枪和燃烧弹成批放倒，转身逃跑时又因地面上全是战友的鲜血而脚底打滑，被守军砍瓜切菜般地消灭。

对比尔古的进攻起初看起来似乎胜券在握，转眼间就成了一场灾难。满心苦涩的皮雅利眼看着自己的部队跌跌撞撞地从城墙跑回己方的安全区域。骑士们和他们的部队并没有犯下追迫穷寇的错误。他们立即撤退，与其他的守军一起开始修复城墙缺口。

与此同时，穆斯塔法的人马在进攻森格莱阿的圣米迦勒堡，他们突破了一段城墙并在城堡里夺得一个立足点。他们的人数优势逐渐显现出来。这时候，穆斯塔法同时进攻两处守军使之彼此不能照应的策略似乎要奏效了。大团长只能无助地看着土耳其人的旗帜在圣米迦勒堡的城墙间进进出出，而自己这边也受到敌军紧紧压迫，连一个人都无法调去救援战友。

土耳其总司令与那些不可思议的老战士——如图尔古特和拉·瓦莱特——一样老而弥坚。眼看决定性一击的时刻已经到来，已七十古稀的他冲到护卫的前面："从各个方位都能看见他，手持宝剑，呼唤着他的追随者，用奖赏和战利品允诺他们……"在帕夏的注视下，近卫军现在开始出动，进行最后的猛攻。

圣米迦勒堡的守军被逼得一步步向后退去。他们绝望地看向水面，希冀能有援军正在赶来的路上。而在此时，比尔古的守军完全被束缚住了手脚，正忙于将敌人从自己的城墙缺口驱离。他们根本无暇顾及海汊另一端的同袍们。穆斯塔法的胜利唾手可得。

突然间发生了不可思议的事。在战场的一片喧嚣之中，土耳其人听到了撤退的号角。他们的将领和下级军官逐级传递着命令："撤退！撤退！"近卫军如同一群猎狼犬一样难以叫回。森格莱阿就要落入他们的手里。他们极不情愿地在新任阿迦的强令下放弃了已经占领的阵地。几分钟之前城墙上还挥动着穆斯林的旗帜，现在它们突然就被抛弃了。让基督徒目瞪口呆的是，敌人竟在守军感觉再也无力抵抗下去的时候开始撤退了。拉·瓦莱特正要将自己手头的一点兵力从比尔古派出去，此时也与其他人一样惊诧万分。是什么原因导致穆斯塔法在马上得胜之际撤走自己的部队呢？而且为什么所有部队都一窝蜂似的越过法兰西海汊，越过科拉迪诺山直奔马尔萨的方向去呢？有一刻大团长和很多人一定是认为难以置信的事发生了——堂加西亚·德·托莱多成功地让大批援军登陆了。

而实际上这也是穆斯塔法得到的消息。一名从马尔萨的土耳其营地快马加鞭过来的骑兵向他报告有一支基督徒大部队攻入营地，逢人便砍，见人就杀。除了被围困的守军之外马耳他再无较大的基督徒部队。穆斯塔法本能地推断是西西里来的援军抄了他的后路。警觉到有可能失去大本营和交通线被切断，他立刻下令撤军。

当他回到马尔萨的时候，映入眼帘的是一幅恐怖血腥的景象。已死之人和将死之人倒在被割坏的帐篷、四肢不全的马匹和一堆堆熊熊燃烧的辎重周围。满是伤兵病号的硕大营地受到了突袭并且差不多全部被摧毁了。由于所有部队都投入了森格莱阿和比尔古的战斗，营地里的人无法做出任何抵抗。尽管死尸遍地，营地化为一片废墟，但是没有任何基督徒大部队的踪影。

当穆斯塔法帕夏得知真相后，他抑制不住自己的狂怒。他忘记了脚边的死尸，只顾想着即将到手的胜利是如何溜走的。

事情的经过是这样的。上午早些时候，姆迪纳总督，骑士梅斯基塔（Mesquita）听到了大炮的怒吼声，判断出这只能是针对两处守军的又一次总攻。他猜测——后来证明他猜得很对——土耳其人的大本营防御薄弱，于是派出手下所有的骑兵在骑士德·吕尼（de Lugny）的指挥下前往马尔萨。德·吕尼带领部队走下姆迪纳的岩石高地，一直观察着大港湾上悬浮的烟雾，并且确信在这样的一天他不会遇到土耳其巡逻队。他行进到马尔萨的西南面并派出了侦察兵。侦察兵报告说土耳其营地处于除了少数哨兵以外没有任何防备的状态。德·吕尼立即集合起他的骑兵。

他们如同复仇的魔鬼一样冲下俯瞰马尔萨的山坡。在第一轮冲锋中他们就冲垮了哨兵，于是骑兵们冲进了帐篷区——这里只有病号、伤员以及照顾这些人的少数奴隶。帐篷的拉绳被砍断，丝绸和帆布被点上火烧掉。辎重和补给品也被破坏。马匹被杀掉、弄残或是带回姆迪纳。毫无防御能力的土耳其人在残破的帐篷里被杀。这是一场大屠杀。

在他的部队再一次回到城堡后方的阵地并进行了重新部署后，穆斯塔法才有时间巡视自己的营地并凝视死者的尸体。他撕扯着自己的胡须并且发誓要报仇雪恨。

"以我父辈骸骨的名义——愿安拉照亮他们的坟墓！——我发誓一旦拿下这些城堡，一个活口都不留。所有人都要死于剑下。只留大团长一个人。我要用锁链牵着他，让他匍匐在苏丹脚下！"

第 23 章　伟大的决定

圣安杰洛堡城墙之内的深处，大团长与奥利弗·斯塔基爵士在商议。城墙外，炮击还在继续。当圣安杰洛堡骑士塔上的火炮还击时，天花板上落下一阵岩石碎屑。拉·瓦莱特刚刚收到加西亚·德·托莱多对他上一封信的回复。

奥利弗爵士在这些灰暗的日子里一直不离拉·瓦莱特左右。大团长从英格兰语区最后一名骑士的不离不弃中获得了极大的力量。作为大团长的拉丁文秘书，斯塔基负责信函的润色，以及为大团长在议事会的演讲提供建议。他和大团长现在在考虑根据总督的最新信息应采取何种行动。堂加西亚承诺在 8 月底之前率领 16000 名士兵前来援助马耳他。

"我们再也不能指望他的承诺，"拉·瓦莱特说道，"在今晚的议事会上我必须告诉他们援军再也没希望了。只有我们自己才能拯救自己。"

比尔古和森格莱阿经受联合进攻的洗礼已经过去几天了，在这段时间内土耳其人没再尝试从陆地发起进攻。很明显穆斯塔法决定在再度发起大规模进攻前进一步弱化两城的防御。他自己这边的损失十分惨重，从第一次登陆起已有超过 10000 名士兵被杀或丧失了行动能力——而其战果除了小小的被毁坏的圣艾尔摩堡之外再也没有别的了。

守军的情况也一样令人绝望。医院里已是人满为患。几乎没有一个男人、女人或是儿童没有受创或是带伤。当土耳其军队在他们相对安全的战壕里恢复体力和士气时，守军未能有一刻喘息。在摇摇欲坠的城墙里，在房屋的废墟里，他们日夜不停地工作，抢修维护他们支离破碎且正在缓慢解体的城堡。只有他们的勇气和信仰使他们继续坚持下去。

当天夜里神圣议会召开了会议。大家都知道一名信使从西西里带来了信件，他们期盼会有一些好消息。大团长并没有浪费时间，也没有拐弯抹角。

"我坦率地告诉你们，我的兄弟们，"他说道，"除了全能的主之外再也不要期待任何希望，他是唯一的帮助。他一直在照管着我们，不会抛弃我们，也不会将我们送入神圣信仰的敌人之手。"

各分部修道长和修道院管理人，大十字勋章骑士和各语区的皮利耶都低下了头。他们现在知道堂加西亚已经放弃了他们。

"我的兄弟们，"拉·瓦莱特继续说道，"我们都是上帝的仆人，而我很清楚地知道，如果我和所有指挥官战死，你们将继续为自由而战，为我们团体的荣誉而战，为我们的神圣教堂而战。我们是士兵而且我们本应在战斗中捐躯。如果不幸敌人获胜"——他停顿了一下——"可以想见我们的下场不会比圣艾尔摩堡的弟兄好。"

他最后的话包含了他接下来要讲的本质内容："不要有任何人心存幻想会受到战场优待，或是能以身免。如果我们失败的话就会被全部杀掉。在沙场战死要比落到征服者的手里生不如死好。"

当议事会成员都散去之后，大团长特意叮嘱要把他所说的话告诉两处守军中的所有人。"从那一刻起，"巴尔比写道（他站在圣米迦勒堡的守军中听到了大团长所说的话），"再没有人谈论起援军的事。从那时起所有人都决心战死而不是活着落到土耳其人的手里。我们尽可能地让自己的命活得值。"

拉·瓦莱特现在启用了一件武器，他确信这不仅会提升骑士团的士气，也会让马耳他人为之一振。教皇庇护四世，乔瓦尼·安吉洛·美第奇（Giovanni Angelo Medici），最近刚刚发布公告，向那些在与穆斯林战斗中战死的人实施大赦。马耳他围城战恰好就是这么一个场合，任何人无论男女都能被认为是为信仰而死的。他们因此有权被赦免之前犯下的所有罪过。当这个公告为众人所知时，"任何到了可以为自己言行负责的年龄的男女都知道这意味着什么。怀着最大的宗教热忱，怀着最坚定的希望和信念，他们会为荣耀的教会所接纳，他们决心为自己的事业献身"。

当大团长毫不讳言他对任何来自西西里的援军都不抱希望时，他不可能知道他的断言有多么接近事实。他肯定还相信他在墨西拿的大使和欧洲的其他骑士，以及堂加西亚的政治敏锐性，都不会允许马耳他就这么陷落。然而事实上，在当时于总督大人的官府进行的一系列讨论中，有人认真地建议马耳他岛应被放弃。"骑士们不是腓力二世的臣民。在罗德岛被围攻的时候也没有欧洲的君主前去救援，那为什么这次西班牙国王就一定要这么做呢？"

为了反驳这些观点，支持骑士团的一方立刻提醒堂加西亚，马耳他是西班牙王国送给骑士团的礼物，而且骑士团在履行自己的封臣义务时从未失职。"除此之外，从现实意义的角度来看，如果马耳他陷落，西西里还能幸免于难吗？如果整个土耳其人的舰队都驻扎在圣艾尔摩堡废墟两旁那些无价的港湾里，总督大人还能捍卫自己的海岸多久呢？当土耳其大帝的旗帜在马耳他飘扬时，用不了多久他的舰队就会封锁西西里和意大利南部。过去有过这种情形吗，"他们质问心存犹豫的人，"苏丹对其领土范围心满意足过吗？他从北面对他们虎视眈眈，那里的贝尔格莱德和布达佩斯已经落入他掌中。他还与帝国的敌人——法国人结成了防御性同盟。如果苏丹占领了马耳他，还能期望这块'贫瘠的石头'在一段时间内是他领土需求的极限吗？马耳他不过是一块垫脚石罢了。"

幸运的是这一观点的逻辑在最后占了上风。堂加西亚的摇摆政策，自然是出于对为保护一片从原则上来说不属于其主人的领土而失去一支舰队和一支军队的担忧；但他最终认识到必须要立刻采取行动。他一再拖延，冀望于这种形势通过某种方式自行改观。他曾派出一小队援军穿过敌军的封锁线——尽管他还严令这支部队要是圣艾尔摩堡陷落的话就不得登陆。他还派出过另外一支由两艘加莱船运载的援军队伍，但是没能登岸。现在，如果他要拯救这个岛并且由自己管辖的西西里来做这件事情，他就必须竭尽全力在本月之内派出援军。然而现在已经是8月的第二周了，而且逆转一个拖延政策不是件容易事。拉·瓦莱特的预判并没有错得太离谱，如果骑士团要被拯救，就只能通过自己的努力。

在这些绝望的日子里正是大团长、他的秘书以及议事会的深谋远虑产生了效果。他们在土耳其人踏上马耳他岛之前就决定针对仓储、水源和供给进行组织化管理，此时证明那是卓有成效的。尽管食物短缺，但从来没有发生过有人饿死的情况，而饥饿可是很多其他围城战中的决定性因素。在一个以缺水而臭名远扬的岛上，守军从未发现他们因最可怕的敌人——饥渴——而减员。火器、燃烧炸弹和火圈，以及大炮的弹药储存都十分充足。即使是最微小的情况都被很仔细地考虑过。灌满海水的大桶沿着城墙放置，这样被"希腊火"点燃的人可以立即将自己浸泡其中。兑过水的酒坛和面包篮从未缺席主要防守地点，这样一来士兵们不用离开自己的防守岗位就可以得到食物和饮用水。

为了保证补给以及武器弹药的稳定供应，比尔古的妇女和儿童们夜以继日地工作着。如果他们无法拿起武器，他们仍然可以组成后勤部队。在大规模的进攻中，在士兵们操控火炮的同时，马耳他的居民们也会跑到城头支援——向进攻者投掷石块并向爬梯的土耳其人头上倾倒大锅大锅的沸水。这两座城池的坚守，如果说是勇气产生的奇迹的话，也是拉·瓦莱特精心准备的证明。"如果所有这些明智的预防措施未被采用的话，"巴尔比写道，"那我们如此之少的守军就没有可能顶住如此庞大的敌军狂暴而又持久的进攻。"

大团长对于回复堂加西亚·德托莱多没有做任何拖延。"这个岛的防御工事，"他写道，

> 处于完全毁坏的状态。我在敌人的多次进攻中损失了骑士的精英部分。在幸存的人中，大多数有伤在身或是卧病在床。请至少将骑士团目前滞留在墨西拿的两艘加莱船，以及已抵达的从更远的国度赶来帮助我们的骑士一并派到我这里来。当整个团体面临几乎不可避免的损失时，保留其中一个部分是不合理的。

他此时所想的可能是德意志语区的成员，因为这些骑士的庄园地产远离马耳他，所以大多数人不可能及时赶来参加最初

的防御。实际上，法兰西人、意大利人和西班牙人——按这个
顺序——构成了在围城作战中的骑士们的主力。

穆斯塔法的下一击就要落到西班牙人防守的卡斯蒂利亚棱
堡区了。

第 24 章　冲入缺口

　　这是围城以来土耳其人首次在防御工事下方挖掘地道。在圣艾尔摩堡他们无法这么做，因为该堡垒建立在坚硬的岩石之上。他们现在发现在比尔古护城壕沟的陆地一侧可以挖出一条坑道。训练有素的工兵小队开始昼夜繁忙，而比尔古的守军可以听到（如果他们跪到地上并把耳朵贴到地面的话）土耳其坑道顶头那邪恶的嗒嗒敲击声正向他们探过来。使土耳其人赢得罗德岛的战役的正是坑道作业而不是炮火威力。现在他们试图复制上一次的成功。

　　在 8 月的炎灼夏日里，干燥的砂岩似乎也在散发热量，赤身裸体的工兵们用锄头和铲子辛苦工作着，将坑道向壕沟下方挖去，目标是卡斯蒂利亚堡垒区的正下方。惊人的困难充斥着这项任务，即使是作为行家里手的埃及工程师们也认为他们面对的是一个几乎无法克服的难题。马耳他的土壤最多只有六英尺深，再往下就是沙子和石灰岩，这些材料在采石场里倒是可以被轻易切割，但是在其间挖掘隧道是短时间内难以达成的。

　　当工兵在地面下工作时，萨尔瓦托雷山和卡尔卡拉海汊远端的炮台继续不间断地轰击着饱受威胁的城墙地段。即使在夜里，当哨兵们试图弯腰捕捉工兵作业的声音时，坚硬的石块和铁弹击打松动的城墙时发出的永不停止的隆隆响声也让他们震耳欲聋。

　　穆斯塔法的计划是在对森格莱阿发动大规模进攻的同时引

爆卡斯蒂利亚棱堡区下方的坑道。在引爆坑道之前，他打算先不对卡斯蒂利亚防区进行攻击，让守军误以为只有森格莱阿处于危险之中。如果他的诡计奏效的话，部分比尔古守军就会穿过浮桥去增援受到威胁的森格莱阿。他意图当坑道起爆时冲击卡斯蒂利亚棱堡区，打守军一个措手不及。穆斯塔法下令制造了一个巨型的搭载着重型吊桥的攻城塔。这种类型的攻城塔经常被用于围城战中，它们的作用是使得进攻者能够直达城墙，爬上塔楼，放下吊桥然后冲过墙头。穆斯塔法打算在引爆地道后立即用攻城塔进攻卡斯蒂利亚区。当他的士兵从预定的城墙缺口突入时，攻城塔放出攻击者双管齐下解决胸墙上剩余的守军。

在这一阶段的围城战中巴尔比的日记千篇一律的沉闷："……敌军的炮火整日整夜都没有停。"正是土耳其巨大的火力投放量使得马耳他围城战超乎同类。入侵罗德岛时土耳其人投入了更大数量的军队去对付骑士团，人数达到了将近十万。但是，就如骑士安尼·德·蒙莫朗西（Anne de Montmorency）在后来与查理十世①和凯瑟琳·德·美第奇（Catherine de Medici）②的一次交谈中所评论的那样，"……他们在马耳他岛的炮兵火力比罗德岛的更加凶猛，而他们在罗德岛更多采用的是坑道作业。在马耳他围城过程中他们发射了超过7万发炮弹"。

正是在这个场合凯瑟琳·德·美第奇问道："这是最大的围城战吗？比罗德岛的规模还要大？"

法兰西语区的骑士指挥官德·拉·罗什回答了她的问题：

---

① 原文 Charles X（查理十世）可能有误，根据年代推论应为查理九世（法国瓦卢瓦王朝国王，1550～1574年在位）。

② 当时的法国王太后。

"是的，夫人，比罗德岛有过之而无不及。这是史上最大的围城战。"

到了 8 月 18 日，穆斯塔法的下一次协同攻击的所有工作已经准备就绪。他的工程师向他报告坑道已经挖到了卡斯蒂利亚棱堡区的正下方，它的爆炸应足以将城墙炸塌。皮雅利还是按照之前的安排，负责指挥对卡斯蒂利亚区的进攻，而穆斯塔法指挥对森格莱阿的进攻。也就是在这一天，一名从土耳其营地逃出的奴隶把消息带到比尔古，告诉守军穆斯塔法发誓要将所有人杀尽，只留大团长一人。在当夜的议事会上，一名骑士指挥官报告了他所听到的。拉·瓦莱特环视在场的议事会成员们。"我一定会阻止他，"他说道，"即使这场围城战与我预料的相反，以敌人的胜利告终；我向你们宣布，我已下定决心没有人能在君士坦丁堡看到我们神圣团体的大团长被锁链牵着带到那里。如果，最坏的事情发生，所有人都战死，那么我会穿上普通士兵的制服，手执利剑冲入敌军最密集的地方——在那里与我的孩子和兄弟们一起战死。"

18 日的早晨，格外密集的炮火让森格莱阿守军警觉到攻击迫在眉睫了。攻势来得很迅速。炮声一停，他们就看到土耳其非正规军和近卫军穿过无人区向南冲了过来。这次进攻与之前相同，也是对圣米迦勒堡进行大规模攻击。与此同时，皮雅利按照计划保留了进攻比尔古的部队。穆斯塔法望眼欲穿地看着大团长是否被引诱派出部分守军穿过浮桥去增援遭到重重压迫的森格莱阿。

拉·瓦莱特明显看出了土耳其人在玩弄把戏，所以并没有上当。最后，没能如愿引出基督徒的穆斯塔法下令给他的工程师，引爆卡斯蒂利亚区下方的地道。

　　虽然拉·瓦莱特早就知道土耳其人在向他的城墙下方挖掘地道，但是他始终没法找到其准确的位置。当爆炸发生的时候，尽管并非出乎意料，但是还是造成了毁灭性的效果。伴随着地道起爆发出的巨大炸响，棱堡区的一大片主城墙崩塌了。当尘埃还在护城壕沟上方翻腾时，皮雅利的部队就已经蜂拥向前了。

　　一时之间守军内部弥漫着恐慌情绪。伤者步履蹒跚地从缺口后退，一片慌乱中这一地段的失守看起来已是板上钉钉了。还没等烟雾散尽，第一波土耳其人就越过壕沟并且夺取了一个立足点。他们的旗帜插在摇摇欲坠的城墙上。他们的矛头开始指向城镇内部。修道院的大钟也敲响了——这是一个预先设置好的用于敌人攻进城堡时的信号。骑士团的一名牧师，纪尧姆神父（Brother Guillaume），看到土耳其人的旗帜如潮水般涌过卡斯蒂利亚区直奔大团长而来。

　　"失守，"他叫道，"我们必须撤向圣安杰洛堡。"此时此刻，任何一点踌躇不决都意味着毁灭。拉·瓦莱特，此时正在比尔古小广场的指挥岗位上，没有丝毫犹豫。"……这位无畏的老人，头上戴着一个轻型头盔，等不及穿上自己的盔甲就勇敢地冲出去面对异教徒。"他从站在旁边的士兵那抓起一把长矛，叫上自己的随从，一路跑向卡斯蒂利亚棱堡区。

　　在看到大团长打头领着一个骑士小队向危险之处跑去时，马耳他居民们群起施以援手。摇摆不定者、胆战心惊者，听到大团长本人亲自领导着反冲锋，顿时忘记了此刻的恐惧。"由立刻会集到他周围的骑士们伴随着，大团长领导的冲锋如此强力以至于战场上的形势立刻被逆转。"地道引爆时在城墙缺口炸出了一片瓦砾堆，拉·瓦莱特带领骑士和市民组成的队伍冲上这道满目疮痍浓烟滚滚的斜坡。一枚手榴弹在他旁边炸开，碎片击伤了他的腿部。喊声四处响起："大团长！大团长有危险！"骑士和士兵们从各处纷纷赶来加入反击。土耳其前锋被冲得踉跄不已并开始向后退去。

"后退吧，大人！撤到安全的地方，"瓦莱特的一名随从催促道，"敌人已经开始撤退了。"

确实，土耳其人的第一轮攻击已经被遏制住了。然而，这一地段还远远不够安全。敌军的一队士兵仍然盘踞在缺口处，他们的旗帜仍在棱堡上方飘扬。拉·瓦莱特知道是他亲临战场才让守军的士气重振。他现在还不该后退。所以，他一瘸一拐地继续冲上斜坡。

"我不会后退，"他向身旁的骑士说道，"只要那些旗子仍在风中飘扬我就不会后退。"

比尔古的骑士、士兵还有马耳他人现在奋勇向前，开始将敌军赶进护城壕沟。不过几分钟的工夫城墙上的敌军被清空。当他的随从再次抗议要求他后退的时候，大团长只是如此回答道："我已经 71 岁了。对于像我这样岁数的人还有什么能比为主服务死在朋友和兄弟中间更光荣呢？"直到整个棱堡区都被收复，重新布置好防御人手，拉·瓦莱特才退回去包扎自己的腿伤。

就在戈佐岛西海岸，有一个名为卡拉·杜埃拉（Cala Dueira）的小海湾，湾口几乎被一个奇形怪状且人迹罕至的小岛——蘑菇石（Fungus Rock）——封住。岛上生长着一种"奇怪又丑陋的黑色植物"，也就是一种小岛因之得名的蘑菇。这种蘑菇能发挥止血的效果，马耳他人数个世纪以来就知道这是一种治疗伤口和大出血的药材。毫无疑问医生就是用这一秘方处理拉·瓦莱特的腿伤的。在自己的腿完成包扎后，拉·瓦莱特坚持要求重返卡斯蒂利亚堡垒区。返回路上，一些骑士把战斗中缴获的土耳其军旗拿到他面前。他下令将这些军旗与其他战利品一起挂到修道院教堂里，然后回到了堡垒区。

大团长知道，如此成功地在城墙上打开缺口后，敌军必将再次大举进攻——可能就在今晚。他的推测是正确的。穆斯塔法和皮雅利在下午叫停对两处守军的进攻后，在日落前重新完成了进攻部署。

这个夜晚火光通明。坎德利萨指挥的舰队开始从大港湾湾口向比格利湾逼近，炮口的火光此起彼伏。在环绕森格莱阿和比尔古的所有山脊和山头上，炮声隆隆作响有如夏季的雷暴。很快敌军就用上了燃烧弹，城墙下的地面如同白昼一般。"希腊火"从卡斯蒂利亚防区和圣米迦勒堡的城头倾盆而下。燃烧炸弹不分敌我在人群中炸出烟雾和火花。缺口处大团长的身影成为士兵们的集结点——一个在肆虐的风暴中坚如磐石的集结点。当黎明到来的时候，土耳其人撤走，两座城堡仍在守军的手里。

骑士团的处境危殆。他们在这一晚和前一天损失惨重。再也没有任何可以求救的援军。弹药储量自开战以来首次出现不足的状况，以至于守军不得不从圣安杰洛堡的地下军工厂紧急调用新的供给。医院里的每一个床位都被占满，而且"那些日子里只要能走的人就不会被列入伤员名单"。守军在那一天无法企盼片刻暇余。土耳其人在过去的24小时里离胜利仅有咫尺之遥，自然不会允许守军有任何时间去重整旗鼓。穆斯塔法打算充分利用他的人手。

8月19日是迄今为止最糟糕的一天。即使是拉·瓦莱特也有快到头了的预感。在卡斯蒂利亚堡垒区下方战死的阵亡者里就有他自己的侄子亨利·德·拉·瓦莱特（Henri de la Valette）。小瓦莱特与骑士波拉斯特龙（Polastron）一起试图摧毁土耳其人那座巨大的攻城塔。他和波拉斯特龙都被攻城塔里的人砍倒。围绕着他俩的尸体爆发了一场激烈的厮杀。土耳其人一心想要夺取这两位骑士价值连城的盔甲，而基督徒士兵一心要将他们战死的长官的遗体拖回城内。

盔甲的劣势在这个插曲里暴露无遗。正如巴尔比对小瓦莱特的评论那样："正因为他穿着华丽装饰的盔甲，所有土耳其人就都向他开火。"在他的尸体最后被抢回城墙之内后士兵们将其带到拉·瓦莱特那。大团长的目光在他死去的侄子的面容上停留了很久。一些站在旁边的骑士对他失去至亲的不幸表示哀悼。他轻声责备了他们。

"所有的骑士对我来说都是至亲。我将他们所有人都视为自己的孩子。波拉斯特龙的牺牲带给我的悲痛与我侄子的战死是一样的。这两个年轻人只不过比我们这些剩下的人早走了几天。因为，如果西西里的援军不来，而我们无法拯救马耳他的话，我们必定全部战死。战至最后一个人——我们必定将我们自己埋葬在这片废墟之下。"

这是围城过程中第一次也是唯一的一次，大团长的话里带有一丝绝望无助的味道。

第25章 "世界末日来临……"

　　比尔古的情况与森格莱阿一样糟糕。尽管比尔古和圣安杰洛堡建得很坚固，但它们已经承受了将近两个月的连续炮击。从6月23日圣艾尔摩堡陷落的那天起，土耳其炮台的大部分投射量就集中在它们身上。城墙内几乎所有的房屋都毁于炮火，而城墙本身也在崩塌。穆斯塔法在卡斯蒂利亚棱堡区下方引爆的地道造成的缺口之大，以至于再多人力都无法修补。"缺口处还有城堡本身看起来都处于火海之中。打斗的混乱、武器的嘈杂、士兵的呼喊、伤者的呻吟构成的景象让人惊心动魄、魂丧神夺。"

　　在小瓦莱特对土耳其攻城塔的绝望一击之后，大团长亲自上阵诱其入彀。为了应对燃烧弹的攻击，攻城塔上披着大量浸过水的皮革。它距离城墙如此之近以至于顶部平台上的近卫军狙击手开始射杀比尔古城内的守军。拉·瓦莱特命令一组马耳他工兵在面向攻城塔的城墙底部打穿一个洞。一门大炮被推到这个位置，以便当工兵从里侧打通城墙时这门大炮可以向攻城器械开火。同时大团长站在危险地带的显眼之处——屡受重创的卡斯蒂利亚棱堡区。"他不顾其他人的担心，把自己的安危置之度外……"在万事俱备的那一刻，他下令工兵敲掉洞口的外部石块。

　　攻城塔里高高在上的土耳其人将其注意力全部集中在他们目力所及的那部分比尔古，没能观察到城墙下方正在发生的事。突然之间，随着一声巨响，尘土飞扬，他们脚下出现一个狭窄的开口，黑洞洞的炮口从中探出来。几秒钟内，奴隶和工人还

不及将攻城塔推到安全之处，大炮就开火了。一位木匠向大团
长指出攻城塔的弱点在于其下段，拉·瓦莱特采取了他的建议，
下令大炮用链弹开火。链弹由通过铁链系在一起的两个大型球
弹或半球弹组成。在脱膛而出的那一瞬间，链弹以抛物线的轨
迹高速旋转，如同一把巨大的镰刀。骑士和他们的炮手能非常
娴熟地使用这种炮弹。在海上作战中链弹是一种制式武器，用
于割断敌人的桅杆和索具。

　　城墙上的洞口开启不过几分钟，这门大炮就完成了任务。
攻城塔开始摇晃坍塌，每一发炮弹都击中要害，最后使攻城塔
的主要支撑断折。在近距离内，旋转的链弹切开、击碎并捣烂
了木质结构。号叫着撤离攻城塔跑向安全地带的土耳其人被城
墙上的火枪手撂倒，高塔顶层的近卫军开始逃跑，从歪斜倾倒
的庞然大物上向地面跳去。最后，随着一声震耳欲聋的巨
响——同时从塔里掉落出士兵、兵器、弹药、水罐和燃烧弹，
攻城塔倒塌了，许多塔内人员被埋在了废墟里。守军中爆发出
一阵欢呼。大炮被推回城堡内，马耳他工兵立即开始修复城墙。

　　在比尔古的战斗打得如火如荼之际，穆斯塔法再次进攻森
格莱阿。他对"一件地狱杀器"寄予厚望，希望用这件武器将
圣米迦勒堡炸出缺口。

　　　这件大杀器由他手下的一位工程师发明，形如巨桶，
　　包箍着层层铁圈，装满了火药、铁链、钉子和所有种类的
　　葡萄弹，一条长长的导火线贯穿其中……

　　在一次凶猛的正面进攻的掩护下，一群土耳其士兵设法将
这件杀器拖到受了重创的城墙上并让其滚落到集结在远处的骑

士和士兵们中间。然后，在预先安排好的信号下，土耳其人全部撤离并等待着爆炸。他们聚集在护城壕沟的远端，静候地狱杀器将城墙炸出缺口的那一刻。

接下来发生的事可谓应验了那句老话："搬起石头砸自己的脚。"土耳其炸弹的导火线烧得太慢了，炸弹周围的骑士和士兵们立刻开始将其推回到城墙上。当导火线嘶嘶冒火时，长桶形炸弹已经被推到城墙顶部。片刻之后，它落进了护城壕沟里，弹跳翻滚着，然后猛然炸开，正好在等待进攻的土耳其士兵面前炸开。火药的巨大威力，更不用说里面装填的弹片，在土耳其人的队列里造成了浩劫。还未等长官下令，守军就敏锐地意识到要抓住时机，从被毁的城墙斜坡上俯冲下去痛击敌军。土耳其人立刻作鸟兽散。

对于守军来说开场惨淡的一天竟以一场胜仗告终。巨型攻城塔的残余七零八落地散布在卡斯蒂利亚棱堡区外，且燃起了大火。攻城器械以及穆斯塔法的"地狱杀器"的失败给穆斯林部队的士气带来巨大打击。他们的长官向穆斯塔法报告说，随着日子一天天过去，他们越来越难以指挥士兵们去进攻。病患数量也在不断增长。除了痢疾和热病之外，岛上随时都有暴发瘟疫的可能。在骄阳之下，白天气温一直在80～90华氏度徘徊，从科拉迪诺到卡尔卡拉海汊，成百上千的尸体在腐烂发臭。

甚至弹药和补给也开始不足。派往南方的的黎波里的船只要么返回得很晚，要么干脆就没有回来。穆斯塔法不知道的是，从西西里出发的基督徒桨帆船和海盗船正驶向马耳他南面并干扰他的补给线。在这一点上，正如在许多其他方面，土耳其舰队和舰队司令的疏忽职守拖了围城工作的后腿。

现在已经是 8 月的第三周，马耳他仍没有被拿下。再过几周穆斯塔法和皮雅利就有必要考虑地中海的天气条件了。他们离君士坦丁堡有将近一千英里的海路。随着秋季到来肯定会吹起西洛可风，而这股热风会进一步扰乱他们与非洲的交通线。如果马耳他到 9 月中旬仍未被攻陷的话，那这支军队要么撤退，要么在岛上过冬。穆斯塔法判断在未来三周内仍然无法攻下比尔古和森格莱阿，于是倾向于在马耳他过冬。无论解决己方的补给问题有多么困难，他深知被包围的两处守军的食物储藏和补给也不可能无限期地让其撑下去。假如没有援军来救，马耳他的守军肯定会在春季之前就落入自己的手中。

这回又是舰队司令皮雅利让穆斯塔法的如意算盘落了空。舰队司令坚持认为舰队及其安全要比任何事都重要。他无意让他的舰队冒险在马耳他过冬。对于苏丹的舰队来说马萨姆谢特湾可能在夏天是一个适合的锚地，但是在冬天就不一定了。除此之外，此处也没有任何修理或维护的设施。一旦发现冬季来临的迹象，他和他的舰队就会离开。如果穆斯塔法决定将军队驻扎在马耳他的话，那就是他自己的事和责任。

长久以来郁积在两大主帅之间的敌意爆发了。只有图尔古特——在他活着的时候——还能凭借他巨大声望弥合总司令和舰队司令之间的裂痕。分散指挥权是苏莱曼苏丹自己定下的人事安排，现在暴露了其内在弱点。

但是，如果说土耳其指挥官和他们的部队正垂头丧气的话，那么对于两处守军来说"世界末日似乎来临了"。他们的城墙和要塞的状况与圣艾尔摩堡最后时刻的差不了多少。街道上横躺着没有被掩埋的尸体，因为连续不断的攻击之下根本没有时间也没有人手来进行掩埋工作。女人、儿童的尸体就躺在骑士、士兵和水手的尸体旁。也没有足够的人手去照顾医院里的伤员。马耳他妇女现在证明她们是防守力量中的一大支柱。她们不仅承担起照顾病人和为守军提供伙食的任务，还搬运弹药和修复城堡。当土耳其人打过来的时候，她们与士兵们一道登城防守。数个世纪以来，这个贫瘠小岛上饱受巴巴里海盗袭掠威胁的艰苦生活，孕育出这样一个坚忍不拔、吃苦耐劳的民族。

在马耳他北面 150 英里之外的墨西拿，援军的准备工作渐入佳境。堂加西亚·德·托莱多最后终于下定决心不让马耳他不屈不挠的英雄事迹使自己相形见绌，于是竭尽全力地履行他对拉·瓦莱特的承诺。"8 月底之前我将率领大约 24 艘加莱船和最多 14000 人的部队前来增援。"

每天都有骑士团的骑士从他们在欧洲北部的庄园跋涉而来。支持对马耳他采取不干涉政策的那派人早就名誉扫地。很显然，从每份送达墨西拿的报告来看，拉·瓦莱特——不论他对自己的杰出前任维利耶·德·利勒·亚当的前车之鉴怎么看——都无意与土耳其人谈判。即使那些对于骑士团来说没有多少用处的人，那些因骑士团的倨傲作风和严格的贵族选拔制度而不喜欢骑士团的人，也不得不对其肃然起敬。

自从土耳其的精英部队和苏丹舰队的全部力量跨海而来已经过去了三个多月。圣约翰骑士团仅以几百名骑士指挥着不到9000 人，坚守了整个漫长夏季。

这场英勇的保卫战唤起了整个欧洲的钦佩之情。即使是那位伟大的新教女王，英格兰的伊丽莎白一世——其国家仅由奥利弗·斯塔基爵士和两名绅士冒险者"约翰·伊万·史密斯先生和爱德华·斯坦利先生"代表着——也被这场围城战感动了。

这场战役使人们回忆起中世纪骑士的辉煌往日。作为一个精明的统治者，伊丽莎白女王不会不在意这一小岛如果被占领将发生什么。"……如果土耳其人，"她写道，"在马耳他岛上胜出的话，那么我们无法确定，对于基督教世界而言接踵而来的会是何种危险。"

第 26 章　绝不后退

8 月 23 日的骑士团议事会上，每一个人，包括大十字勋章骑士们，都向大团长建议是时候放弃比尔古了。"比尔古，"他们说道，"在所有方向都发现了敌人地道的迹象。它的防御已经被摧毁了。敌人是地道战大师。地道引爆造成的城墙缺口无法修复。"土耳其工兵并没有满足于一次成功。正如一名骑士所指出的："损毁城墙的周围密布着敌人蜂巢般的地道，而我们反地道的坑道就如同踏在一座火山的外壳上。"

"放弃比尔古吧！"他们催促道，"圣安杰洛堡是所有防御工事里最坚固的。在那里我们能继续守下去。而且退入城堡就可以收缩防线，比现在沿着比尔古全线防守更好。"

大家都同意撤进圣安杰洛堡的方案——除了大团长。听完所有资深骑士的意见之后，拉·瓦莱特站了起来。

"我尊重你们的建议，我的兄弟们——但是我不会接受。我的理由是这些。如果我们放弃比尔古的话就会失去森格莱阿，因为那里的守军无法独力支撑。圣安杰洛堡太小无法容纳我们的士兵和所有居民。而我也不打算将忠诚的马耳他男人、女人和孩童抛弃给敌人。即使我们能将所有人都纳入城堡，圣安杰洛堡的水源也会不足。一旦土耳其人攻下森格莱阿，并且占领比尔古的废墟，那么圣安杰洛堡的城墙再坚固，在他们的集中火力下其陷落也不过是时间问题。目前，敌人被迫分散他们的资源和火力。但是如果我们和所有的士兵都龟缩在圣安杰洛堡里的话就不是这么回事了。所以，我的兄弟们，这里而且只有这里是我们必须奋起作战的地方。我们必须在这里一齐战死，或者最后，我主保佑，我们成功地驱逐敌军。"

大十字勋章骑士们接受了他的决定。但是为了确保绝对没有任何撤退到圣安杰洛堡的商量余地，拉·瓦莱特烧毁了自己的船只。他召集了几乎所有的圣安杰洛堡守军到比尔古，只留下数量有限的士兵操控火炮。然后下令将连接圣安杰洛堡和比尔古的吊桥炸掉。圣安杰洛堡现在是孤军奋战了，比尔古也是如此。大团长的行动比任何言语都更有力地激励了守军。"得知消息的那一刻，所有人都认识到必须在自己目前坚守的岗位战斗至死。"

大团长的睿智毋庸置疑。如果他真的听从议事会的建议撤退到圣安杰洛堡的话，那么离整个岛陷落可能也不过一周左右的时间。希贝拉斯山和圣艾尔摩堡已经落入敌人手中，如果森格莱阿和比尔古也被占领，那么土耳其人的全部火力就会集中于一点。没有任何城堡能经受住这种攻击。皮雅利的舰队将从海上进行炮击，而守军只会陷于陆上的作战而无法脱身。只有通过将穆斯塔法的军队和炮兵分散于两处才能守住马耳他，大团长的这一见解在理论上是正确的，随后也为实际战况所证明。纵深防御在那一时代属于难于理解的军事理论。拉·瓦莱特对当前形势做出准确分析并毫不犹豫地执行的能力证明了他在战术制定上的杰出才能。

8 月 20 日，也就是这次至关重要的议事会的三天前，土耳其总司令派出的大规模进攻部队又一次在圣米迦勒堡被损毁的城墙前铩羽而归。8000 名士兵——戴着一种用于保护他们不受"希腊火"和燃烧弹的伤害的新型轻头盔——投入进攻。在向前推进的近卫军中打头的是一位久负盛名的老兵，桑贾克·凯德尔（Sanjak Cheder）。他立下誓言，要么拿下圣米迦勒堡，要么战死沙场。他高举自己的旗帜，身后跟随着一个决心伴随在主人身边的护卫——同样发誓要么制服敌军要么光荣战死。光耀夺目的衣着、珠光宝气的头巾、镶嵌宝石的弯刀使桑贾克被守军认出身份并成为基督徒火枪手的直接目标。骑士佩索阿（Pessoa），大团长的侍从之一，夺得了杀死这位资深老兵的荣耀。一场激烈的厮杀随即在桑贾克的尸体周围展开。正是在这场战斗中，西班牙上尉胡安·德·拉·塞尔达洗刷掉了自从报告圣艾尔摩堡状况以来加诸其身的胆小鬼的污点。在带领士兵对桑贾克的近卫军进行的一次凶猛反冲锋中，拉·塞尔达被砍倒，他的尸体被埋在了下一波的敌军之下。"……他在多次不同的作战中试图献身，最后英勇地在值得纪念的这一天于城墙缺口处战死。"

也是在 20 日这一天土耳其人又向卡斯蒂利亚防区缺口处投放了攻城器械。攻城塔由近卫军狙击手操控，其底部用泥土和石块进行了加固，故而拉·瓦莱特之前使用火炮的计略无法再次奏效。很快，天亮之后，攻城塔上的狙击手开始射杀被毁城墙另一侧的所有人。几个小时之内守军的形势再度变得绝望起来。拉·瓦莱特意识到如果任由攻城塔在那里为所欲为，使守军被压制得无法移动的话，敌军下一次针对卡斯蒂利亚防区的正面攻击肯定会成功的。

如上次那样，他下令马耳他工兵在城墙底部开凿出一条通道，通道的位置要无法被近卫军狙击手观察到。然后，在一个特定时刻，他派出一支突击队进入通道。当通道口最后一个石块被推落时，两名骑士——阿拉贡语区的骑士指挥官克拉拉蒙特（Claramont）和卡斯蒂利亚骑士格瓦雷斯·德·佩雷拉（Guevarez de Pereira）——带领士兵冲了出去。他们径直冲向攻城塔。土耳其人从未料到守军会冒险冲出城墙——而他们只做了应对炮击的准备——被打了个猝不及防。克拉拉蒙特和佩雷拉身先士卒，攀登上攻城塔，其石块加固的底部反而使他们能轻易地进入下部结构。几分钟之内他们就沿着梯子扫清了各层的近卫军。

这个本意是用来毁灭比尔古的攻城器械结果适得其反。一队精心挑选出的枪手带着两门火炮被部署在攻城塔上，并由骑士和军士们保护起米。土耳其人的攻城塔现在变成了卡斯蒂利亚人的一座辅助棱堡，在新的制高点上守军得以对敌人的进攻施以更大的火力杀伤。一小队人马就能够夺取并守住攻城塔这个事实也反映出土耳其军队的士气在下降。土耳其人的数量仍然成千上万，而守军只有数百人，且几乎所有人不是挂彩就是筋疲力尽。然而大团长的以身作则激起了基督徒不可战胜的士气，让他们在与土耳其人作战时占据了上风。

在同一天，也就是 8 月 20 日，潜伏在土耳其军中的间谍向比尔古射入了一支箭，上面写着"周四"。拉·瓦莱特立刻告诉每一个守军士兵只要还能站立那么他就必须坚守在自己的岗位上。当 8 月 23 日周四敌人开始进攻的时候，"即使是重伤号都从医务室爬上了城头"。再也没有任何替补队员了。

在 8 月 23 日的议事会上，当骑士们提出从比尔古撤退的议案时，拉·瓦莱特以其毫不妥协的作风坚持不得撤退，只是重申了围城伊始采取的政策。他不屈不挠的决心以及对自身事业正义性的热忱信念，被证明是挽救马耳他的道德支柱。有人建议说，在炸掉圣安杰洛堡和比尔古之间的吊桥之前，至少应该把骑士团的圣物和档案转移到城堡内的安全地点，对此他愤怒地拒绝了。他知道，如果马耳他人和士兵们看到骑士团的圣物——圣骨匣内施洗者约翰的手掌——被从修道院教堂移走的话，他们会丧失希望，信心全无。至于骑士团引以为傲的档案——如果马耳他落入土耳其人手中，那么哪里还需要什么档案呢？圣物、档案和银制游行十字架，所有这些器物都将待在其原有的位置上直至最后。守军也是如此。

第 27 章　西西里的意见分歧

　　穆斯塔法帕夏收到了令人担忧的消息。一天前从北非出发的一艘大型运输船损失掉了。这艘船从杰尔巴岛启程，在通向马耳他岛的 180 英里航道上受到一艘西西里桨帆船的攻击并被俘获。穆斯塔法的军需总管告诉他说面粉储量只剩二十五天的量了。这就意味着，即使舰队和陆军现在立刻撤离，在到达君士坦丁堡之前也会遇到配给不足的情况。而马耳他岛本身已没有任何小麦或玉米。在土耳其人到达之前连尚未成熟的作物也都被收割完毕，所有的家畜在敌军舰队被发现的那刻起就被带入了姆迪纳和比尔古。穆斯塔法和皮雅利立刻安排更多的船只去北非收集粮草。

　　比食物储备情况更糟糕的是火药也即将耗尽。尽管之前运往马耳他的弹药量巨大，但是土耳其人头一次开始被迫节约使用他们的弹药。君士坦丁堡的兵工厂和军械库提供的火药对于预计只持续几周的围城战绰绰有余。然而现在已经是第三个月了，马耳他岛仍然没被攻下。穆斯塔法对于火药和炮弹的挥霍程度丝毫不亚于他对兵力的消耗程度。然而无论是他还是皮雅利都不敢去考虑将舰队的弹药储备用尽这等事，以防遇到被迫在马耳他外部海域打上一场海战的情况。

　　如此长时间的围城所导致的另一个不可避免的后果就是很多火炮都变得无法使用。守军观察到每一天土耳其人的火力都在微微减弱，心中渐生希望。他们注意到，日落之后，成群的奴隶开始将这些火炮从两个海岬上的炮台里移走。这一举动，就如巴尔比所评论的，土耳其人在静悄悄地做，"迥异于他们第一次呐喊欢呼着将这些火炮拖入炮台时的情形"。

苏丹苏莱曼可不是一个能轻易接受失败的人。他的臣子深知他在处理自己的家庭成员时也冷酷无情，害怕起他来远远超过害怕敌人的程度。

> 穆斯塔法被守军的长期抵抗气得肝火大旺。他的主子一手促成了规模宏大的准备工作，并且满怀胜利的希望，因而远征失败的后果让他不由忧心忡忡。

他下定决心，无论发生何事，他将对敌人不计一切手段，直至最后。

土耳其工兵们被迫加倍干活。他们在支离破碎的城墙和卡斯蒂利亚区缺口处的废墟下没日没夜地挖掘坑道。守军则针锋相对地挖掘反坑道。马耳他工兵和石匠们将地道挖向敌营，在炎热的黑暗中聆听着土耳其工兵连续敲击砂岩的声音。随着 8 月渐渐结束，没有一天不是伴随着坑道或反坑道爆炸产生的雷鸣般的轰响度过的。有时围城者和守城者被埋在了同一个烟雾滚滚的废墟下。有时比尔古的工兵闯入了敌军的地道，还来不及退回点火放枪，基督徒和穆斯林就开始用锄头、铁铲和匕首短兵相接起来。

穆斯塔法仍在考虑岛上过冬一事，并决心对姆迪纳发动一次进攻。如果他要将自己的军队驻扎在马耳他岛的话，那么占据旧首府就极为必要。如果他能迅速占领这座老城，他就能利用城里的火炮、火药和炮弹来对付在要塞里顽抗的骑士们。如果最坏的事情发生，他被迫撤离马耳他的话，那么横扫并占领马耳他岛首府一事仍能为他加分不少。

姆迪纳也被称作诺塔比莱城，自从罗马时代起就一直是马耳他的首府。尽管圣约翰骑士团将他们的驻地选在了比尔古，姆迪纳仍是岛上唯一稍具规模的城市。然而，虽然骑士们在过去的三十五年里加固了城墙，但是其强度仍然差强人意。如果穆斯塔法能在一开始按照自己的意图包围姆迪纳的话，毫无疑问他会旗开得胜。但是，在历经大港湾附近长达三个月的血腥战斗后，再从包围比尔古和森格莱阿的部队中抽调一部分人来进行这种作战的话，就大错特错了。灰心丧气的穆斯林将这视作为苏丹夺取一些战利品的最后尝试。

正是阿拉伯人在其盘踞马耳他岛的二百年间修建了姆迪纳的大部分防御工事，并且挖掘了从南端保护城市的护城壕沟。土耳其人也只能从这一侧发起他们的进攻，因为其他地方的城墙都建立在险峻陡峭的山坡上。姆迪纳的总督堂梅斯基塔很快就得知了穆斯塔法的意图。当一部分军队和很多围城火炮从土耳其军队主营地开拔出来，沿着炙热而又尘土飞扬的道路北上的时候，总督便做好了备战工作。

总督手里的守军人数不多。他在围城的初期阶段就已经将大多数最好的部队派到了比尔古。同时，城里也挤满了马耳他农民以及他们的家人，夏日里狂风暴雨般的漫长战斗一开始，他们就躲在那里避难。注意到穆斯塔法进攻姆迪纳的决定实则是绝望的反扑，同时土耳其军队的士气也在一直跌落，梅斯基塔认定一次大胆的虚张声势可能足以吓退侵略者。于是，他让很多农民甚至包括一些女性都穿上士兵的制服，与真正的守城部队一起在城墙上巡逻。所有用得上的火炮也都准备就绪，并被部署到土耳其军队必然发起进攻的那一侧。

当第一批侵略者沿着长长的山坡艰难地爬向老城的时候，他们发现之前的情报并不准确。这就是情报里那个毫无防御、不堪一击的城市吗？城墙上站满了密集的士兵，而且土耳其人的先头部队还没有进入射程火炮就开始轰鸣作响——仿佛在炫耀守军拥有充足的火药储备，并且可以随意挥霍。土耳其人踟蹰不前且惊慌失措。队伍里来回传递着这句话："这是又一个圣艾尔摩堡！这是又一个坚不可摧的要塞，跟海边的那些一样！"

好不容易才催促士兵们开始了新的攻击的军官们此刻也心神不安起来。他们提醒自己这里的守军可是生力军，不是过去三个月里与他们一直作战的那些敌人。他们向前线派出了侦察兵，一些去调查通往城市的路线，另一些则绕城一周并报告该城险峻地段的情况。所有人回来后都报告了相同的事。城墙的每一段都是重兵把守。

即使是在任何情况下都无法对其发动进攻的北段城墙，城头上也密布着士兵。这样一番大张旗鼓的模样让土耳其人士气低下。他们向穆斯塔法发回报告称姆迪纳看起来是如此兵力雄厚且防守严密，就如围城战第一天的比尔古一样。

部队停止了前进。城头上的大炮还在嘲弄般地隆隆作响，一些炮弹从炎热的山坡滚下直奔前列队伍而来。从城墙上的士兵那传出一阵噼里啪啦的枪声——虽然没有击中敌军，但令人沮丧地显示出这群生力军的士气有多么高昂而弹药是有多么充足。穆斯塔法听到军官们的报告后亲自前来评估这座城的实力。他也被姆迪纳总督的策略骗住，视线所及之处是一支生猛可怕的守军，于是取消了进攻计划。现在除了重新进攻骑士们把守的两座日渐崩塌的城堡外别无他路，他隐隐约约地希望它们能在皮雅利坚持撤离舰队之前陷落。

　　白天日渐稀疏的土耳其炮火，以及部分土耳其军队被撤去围攻姆迪纳的消息让守军的士气为之一振。之前所有人都以为自己的命运已系于死神之手。现在，骑士和士兵们甚至在讨论凭借自身打败土耳其人的可能性。即便孤立无援，似乎也能打败侵略者——还有什么成就能比这更辉煌？如果用不上堂加西亚那个懒蛋或是胆小鬼的些许援军就能赶跑土耳其人，他们便可以对全欧洲说："我们自己做到的！"即使随后传来的消息称所有土耳其军队现在已经重新回来对付他们，他们新萌生的信心也没有被扑灭。穆斯塔法放弃攻打姆迪纳的想法这一事实似乎进一步佐证了他的实力正在变得越发虚弱。如果连姆迪纳这个全岛防御最弱的要塞他都不敢尝试攻打，那么他又能有什么希望拿下比尔古和森格莱阿这两个（尽管守军现状堪忧）坚守超过两个月的城堡呢？

　　在姆迪纳城里，总督葡萄牙人堂梅斯基塔也不由暗自庆幸。他在城里只有少数受过训练的士兵、少之又少的火药，甚至更少的炮弹用于老旧的火炮。穆斯塔法的撤退看起来就是个奇迹，城里古老的大教堂立刻举行了感恩仪式。在这里，每年 11 月 4 日都会举行一场弥撒，据说是祈愿让诺曼的罗杰斯伯爵（他在近五个世纪前将马耳他从阿拉伯人手里拯救出来）的灵魂安息，而现在，他们举城庆祝又一场大捷。大教堂据认为建在普布利乌斯（Publius）这位"岛上的行政官"给遭遇船难的圣保罗提供的庇护场所之上，它是岛上的信仰中心。对于许多崇拜者来说，土耳其人从城墙前撤走再一次证明这位圣徒在冥冥之中守望着自己。这似乎是一个预兆，不仅是这座城，更是整座岛，都将被从穆斯林手里解救出来。

在 8 月下旬的时候，大团长已无法与墨西拿的总督保持通信。所以，他对拖延已久的援军即将扬帆起航的事一无所知。他所在的满目疮痍、一片焦土的海岬与外界的联系已被切断，拉·瓦莱特已不再指望能从堂加西亚或是骑士团在欧洲的其他成员那里获得援助了。但他所不知道的是，正是这些晚到的骑士团成员最终鼓动了怠惰的总督活跃起来，并且通过激起他手下谋臣的羞耻心而促使他们立即采取措施。超过二百名骑士、指挥官和大十字勋章骑士带领着他们的部队在墨西拿苦等。他们急不可耐地要与自己的同袍一起浴血奋战，并对总督大人的拖沓冗长冷嘲热讽，这些急于求战的骑士在墨西拿形成了自己的小团体。堂加西亚每天都能感觉到他们的对立意见如芒在背。当他向其中一名骑士——路易斯·德·拉斯蒂克（Louis de Lastic），奥弗涅的大皮利耶——抗议其不按照惯例用礼仪性的头衔"阁下"称呼他时，大皮利耶回答道："大人，假如我们能及时赶到马耳他拯救教友的话，我会用您喜欢的任何头衔来称呼您——'阁下'、'殿下'，甚至您愿意的话，'陛下'都可以。"

8 月 22 日，当比尔古和森格莱阿的守军还剩下最后一口气的时候（大十字勋章骑士们劝说拉·瓦莱特撤入圣安杰洛堡的前一天），堂加西亚检阅了援军部队。八千名士兵列队站在锡拉库萨海港周围的山坡上。在埃斯库罗斯（Aeschylus）[①] 曾经观赏自己的剧作公演的剧院附近，一千九百年前雅典舰队遭受灭顶之灾[②]的封闭海湾的正前方，预定出发去解围的部队在西西

---

① 古希腊著名的悲剧作家，代表作为《被缚的普罗米修斯》。
② 指雅典舰队在伯罗奔尼撒战争中被锡拉库萨和斯巴达联军全歼的那场战役。

里岛有如狮子般猛烈的炎炎夏日下集合。他们可以听到从南面
七十英里外的遥远之处顺着南风传来的枪炮声。

援军由来自全欧洲的职业士兵和冒险家组成。西班牙步兵
团占了大多数，但是还有很多意大利人、德国人、法国人，以
及其他欧洲国家的人。援军的统帅是一名意大利人，阿斯卡尼
奥·德·拉·科尔纳（Ascanio de la Corna）；文森特·维泰利
（Vincenti Vitelli）指挥着来自意大利和其他国家的一支冒险者
部队；而一个西班牙人，阿尔瓦雷斯·德·桑德（Alvarez de
Sandé）指挥着由西班牙守军组成的那不勒斯团。总督大人自己
则担任总指挥。

堂加西亚·德·托莱多对于现状仍然高兴不起来。就如
（当他为自己在增援马耳他一事上的拖延找借口时）他向奥弗
涅大皮利耶解释的那样，仅仅试图增援是不够的。重中之重
是要确保增援行动一击必中。八千人的部队跟穆斯塔法从君
士坦丁堡搬来的大军相比无异于以卵击石。总督大人并没真
正意识到马耳他的守军给苏丹的 4 万大军造成了多么大的伤
亡和病耗。

当援军在锡拉库萨等待运输船队集结的时候，马耳他岛上
的围攻战还在无情地继续。穆斯塔法和皮雅利决心在秋季到来
之前摧毁守军的抵抗，于是继续猛烈轰击卡斯蒂利亚堡垒区和
圣米迦勒堡。尽管如此，他们发起的进攻已现颓势，甚至连近
卫军的冲锋都失去了劲头。守军的长期抵抗，伴随着己方的损
失和食物、饮用水的短缺，使得土耳其人的进攻失却了底气。
日子在一天天过去，尽管形势仍然令人绝望，但守军感觉到新
的希望在心底发芽。

围城期间的每一天，大团长都会到圣劳伦斯修道院教堂祈

祷。每当获得胜利，或是从某些近在眼前的危险中被拯救出来，他都会要求举行感恩仪式。拉·瓦莱特对待他的宗教义务就如同对待战士义务一样一丝不苟。不知有多少次他慷慨激昂道"比捍卫信仰而献身更光荣的事能有几何？"虽然年逾花甲，而且被三个月以来连续不断的压力和重任折磨得疲惫不堪，拉·瓦莱特仍没忘记奋勇杀敌，在 8 月最后的这段日子里一直如同火焰一般照耀着周围的人。他白色的胡须上沾满了沙石尘灰，昔日闪闪发亮的铠甲变得黯淡无光、凹痕遍布。除非亲临堡垒指挥防御作战，否则他不离位于比尔古中央广场的总部半步。

马耳他以西 65 英里的地中海海面上，有一个名叫利诺萨（Linosa）的荒瘠小岛。就是在这里，拉·瓦莱特于数周之前派出小船给西西里总督送信。利诺萨作为西西里和北非之间离马耳他最近的岛，在先前就被安排为一个会合点或者说是通信基地，以备船只在无法于马耳他与西西里之间直接来回的时候使用。

8 月 25 日，为拉·瓦莱特所不知的是，堂加西亚起锚驶向利诺萨岛。他的部队最后一次点名显示有将近 10000 人马。他们由二十八艘运输船和桨帆船搭载。援军看起来很快就会抵达马耳他岛。

第28章　援军

持续不断的战斗难得出现了一周之久的间歇。虽然对比尔古和森格莱阿的炮击并未停止，但土耳其军队再没有对卡斯蒂利亚区和圣米迦勒堡摇摇欲坠的堡垒发动进攻。然后，9月1日，穆斯塔法和皮雅利发动了又一次大规模进攻。

战事被拖入下半年这一事实，再加上粮草不足和弹药匮乏的问题让他们抓狂到决心孤注一掷，来弥补他们的所有损失。但是现在，在炮弹炸出的瓦砾堆上冲锋的部队已不是当初来马耳他"拯救自己灵魂"的那批人了。守军的漫长抵抗，还有己方的惨重损失都已消磨了他们的士气。疫病除了使他们虚弱不堪，还极大地削减了他们的人数——远远超过了死于骑士团的枪炮和刀剑的人数。

在那个炎热的夏季，岛上围绕着大港湾的整个地区如同一间大型停尸房一样发出阵阵恶臭。土耳其人对基本卫生原则的忽视导致了他们自身的毁灭。痢疾、伤寒和热病从6月起就肆虐于军中并且在随后的几周里继续恶化。至于待在被打烂的工事里的守军为什么没有像敌军那样饱受折磨，这一点可以归功于骑士团的主要副业——医院骑士的事业。尽管他们只会进行很简单的手术，而且在很多方面茫然无知，但是他们至少懂得卫生学的基本原理。在医院里，无论贫富，无论是骑士还是普通士兵，在正常条件下都要使用银制盘子进食，以保证"医院里的得体行为和病人的清洁状况"。即使在围城期间，骑士团仍然试图用正确的方法照料病人。毫无疑问，守军借此从大肆屠戮敌军的病魔手中攫取了相对的自由。

持续了 9 月 1 日一整天的攻击又如同之前所有的进攻一样以失败告终。自从穆斯塔法攻取姆迪纳的计划失败后，进攻者的火力每下降一分，守军士气就同比例上涨一分，天天如此。土耳其人、近卫军、非正规军、阿尔及利亚人和图尔古特的海盗们全都意气消沉。他们说道："让我们主宰马耳他不是安拉的意愿。"但假如他们知道发生在援军身上的事的话，他们很有可能会重拾勇气并再次占据上风。

堂加西亚的舰队在向西驶往利诺萨岛海域上的集结点的途中直接撞上了一阵狂风。马耳他岛与西西里岛之间的狭窄海域以风云无常而臭名昭著。当一股强劲的西北风，一路扫过身后所有的地中海风浪区，刮到这片海域时，数小时之内就可以催生出一道凶险的巨浪。在这一年的夏秋之交，堂加西亚的舰队很不幸运地撞进了马耳他海峡上这样一场典型的狂风里。散布在凶险海岸（Terrible Bank）、利诺萨岛和西西里西海岸附近的埃加迪安群岛（Aegadean Islands）① 之间的船只被迫四散逃命。加莱船在惊涛骇浪里俯仰前行，竭力驶回陆地附近的背风处。船桨被拍碎，帆索被撕坏，装备也丢失了不少。

当舰队的大部分船只重新集结在法维尼亚纳岛［Favignana，与西西里岛西海岸上的马尔萨拉（Marsala）相对］② 附近的海域上时，这些船的状况根本无法直接返程利诺萨岛。不仅许多船遭受了很大程度的损毁，而且它们搭载的部队也饱受晕船之苦而无法上岸与马耳他的敌军作战。结果直到 9 月 4 日舰队才

---

① 地中海上的多山小岛群，位于西西里岛西岸近海 12 公里处。
② 埃加迪安群岛中的最大的一个岛。

做好了重新起航的准备。这一回舰队安全到达了利诺萨岛，而且堂加西亚·德·托莱多发现拉·瓦莱特的信在等着他。在信里，大团长解释了土耳其人在整个马耳他岛南部的部署安排，并告知总督马尔萨什洛克和马萨姆谢特湾的两处港口都被土耳其舰队占据。他向总督建议最适宜登陆的两处地点是岛北部的海湾姆贾尔和梅利哈（Mellieha）。这两处地点均有方便部队上岸的沙滩，而且它们的锚地都能相对保护舰队不受风浪侵害。

舰队离开利诺萨岛后分为两部分驶向马耳他，先锋部队由西班牙人堂卡多纳指挥，而总督大人坐镇指挥主力部队。在他们驶近马耳他的时候坏天气再次袭来。大部分船在夜里都无法看到堂卡多纳的舰队，于是向北驶去并在西西里南端的波扎洛（Pozzalo）渔村附近的海域下锚。同时，前锋部队勉力冲出越来越恶劣的天气，戈佐岛遥遥可见。现在轮到皮雅利的船队遵守战争的游戏规则（无论何种）来饿虎扑食了，然而，此次大围攻中令人费解的现象之一出现了，土耳其人没有做出丝毫举动去攻击基督徒舰队的前锋。我们只能猜测是皮雅利手下的船长们因为不喜欢恶劣的天气，全都离开戈佐岛的巡逻岗位回到马萨姆谢特的温柔乡了。

堂加西亚返回西西里，而且看起来很不情愿在得到其他船只的消息前继续向马耳他前进，这一行为再次让骑士们对堂加西亚的意图顿生疑窦。只有当他们极其强烈地要求立即行动时，堂加西亚才下令舰队起锚驶向马耳他。甚至在最后一刻，他天性里的犹疑不决似乎就要原形毕露了。韦尔托神父在他编著的骑士团史中重复了围城时人们对堂加西亚的指控：

　　　但是总督大人的行为再一次让人们怀疑他是否打算利

用他的建议（拉·瓦莱特提供的信息：姆贾尔和梅利哈将会是登陆的好地点）；他没有进入戈佐岛与马耳他岛之间的海峡，而是在马耳他的西海岸附近逡巡不前，并且让从马萨姆谢特湾驶出的土耳其护卫舰发现了他的踪影。看起来他更愿意碰上一些突发状况以便有理由离开这个是非之地重返西西里港口，而不是试图登陆马耳他岛。

到了 9 月 6 日的晚上，堂加西亚才重新聚集起舰队，悄无声息地穿过戈佐岛的海峡并来到了马耳他岛东北部的梅利哈湾。9 月 7 日的早晨，期待已久但又姗姗来迟的援军终于开始如潮水般涌上滩头。他们将武器和弹药高举过头顶走过浅滩，而满载西班牙士兵的小船则直接冲上岸。

这一消息几乎是同时传到了穆斯塔法帕夏和拉·瓦莱特的耳朵里的。对于一方来说这个消息让人沮丧不已，而对另一方来说这意味着长久以来的严峻考验终于快到了尽头。然而，等待如此之久的拉·瓦莱特坚信援军的数量会超过其实际。援军的准确数量在各方记载中从 8000 人（最少的估计）到 12000 人不等。无论如何，假如土耳其人的士气仍旧高昂的话，援军的实力就不足以完成其被赋予的任务。当拉·瓦莱特得知援军的准确数量之后，他想出了一招高明的骗术。一名一直以来被囚在圣安杰洛堡地道里的穆斯林奴隶被下令释放。这个奴隶被告知，重获自由是因为大团长的仁慈。人们还告诉他 16000 名基督徒战士在西西里总督的率领下已经在岛的北部登岸，所以土耳其总司令再怎么围城也是徒劳。无论他是否相信这个故事（或者他被灌输了错觉以为自己是在守军没有察觉的时候逃脱出来的），事实是这个奴隶安全抵达了土耳其人的军营。他受到一些军官的审问，然后被带到穆斯塔法面前，一遍又一遍地重复着自己知道的信息：骑士们喜气洋洋，他们预计围城战到了收尾的时刻，因为 16000 名士兵已在梅利哈海湾登陆。这个消息让穆斯塔法黯然神伤，围城战的整个过程已经让他心灰意冷，而且他还注意到手下的部队已经处于哗变的边缘，于是他下令立刻从马耳他岛撤退。

土耳其领导层在整场战役中的低效无能，尤其是对整支舰队的低劣指挥让人费解。皮雅利拥有地中海上迄今为止最强大的舰队，而 28 艘加莱船就已经是西西里总督为援军部队东拼西凑而得的所有成果了。（实际上，堂加西亚有充分的理由担心自己可能面临人船两失的后果。）然而，土耳其舰队司令虽然有三倍之多的舰船供他驱策，却从未试图干扰援军登陆。不管遵循什么战术准则，皮雅利都早该在海上攻击援军并将他们送入海底鱼腹——尤其是当有人还在再三犹豫是否上岛的时候。但是皮雅利和与他亲近的海军指挥官们都一门心思认定基督徒的舰队将试图闯入马尔萨什洛克或者是马萨姆谢特湾。于是，他们将自己的舰船留在这两个海湾里并且用铁链和木桩封锁了入口。他们似乎都没有注意到姆贾尔或是梅利哈海湾用于卸载登陆部队绰绰有余——只要援军舰队不用在这些开敞的锚地耽搁太久。正是皮雅利的畏首畏尾，加上他妄尊自大地对马耳他的地理天气条件视而不见，从一开始就使得土耳其人深受其害。堂加西亚无意在梅利哈等待。他的部队全部登岸后他就打算立刻返航墨西拿，那里还有 4000 人的援军在等待登船。

第 29 章　最后一战

在返程前往西西里的途中，堂加西亚的加莱船绕道向南，从大港湾的口部近处经过。他们看见土耳其人的军旗在圣艾尔摩堡的废墟上飘荡，听到科拉迪诺山和比尔古周围山坡上的大炮仍在雷鸣般轰响。为了向土耳其人示威，以及向守军传达援军近在咫尺的信号，堂加西亚下令这些舰船向圣安杰洛堡和骑士团的旗帜鸣炮致礼。"于是当我们的舰队到了我们能够清楚看见他们的地方，每艘加莱船都鸣炮三次……"

守军的欢喜无以复加。这是围城战伊始他们看到的第一批基督徒舰队。舰队在大港湾的现身足以说明一切，甚至那些曾经怀疑援军消息真假的人现在都变得信心满满。这些加莱船能够出现在大港湾口部海域的事实就证明土耳其舰队已经斗志全无。

急于尽快展开反击的拉·瓦莱特在焦灼地等待着，希望至少部分援军能够在夜里与比尔古守军取得联系。然而什么都没有发生。车轮的辘辘声和索具的嘎吱声告诉他土耳其人正在成功地将他们的火炮从比尔古周边的阵地撤出。大团长曾希望夺取这些火炮以补偿围城战中己方的损失。

穆斯塔法的部队正在登船。马尔萨的军营被毁弃。停泊在马尔萨什洛克的船只开始向北驶去，准备与驶离马萨姆谢特湾的皮雅利的主力舰队会合。设置在圣艾尔摩和希贝拉斯山上的火炮也被拆卸并运到船上。部队开始从科拉迪诺山以及包围两个海岬的阵地上撤离。战壕也被遗弃。只有攻城塔和一些过于沉重无法迅速移动的火炮被留了下来。一片废墟的圣艾尔摩堡被留存给了寂静和回忆，占领这个星形城堡是土耳其人在这次战役中唯一的一场胜利。整个夜里，马尔萨地区以及该地区与马萨姆谢特湾之间的狭窄区域灯火通明，显示出苏丹的军队正在撤退。

与此同时，援军由梅利哈湾向内陆开拔并与姆迪纳的守军取得了联系。在阿斯卡尼奥·德·拉·科尔纳的指挥下，这些部队在马耳他岛东部的一块高地设立了营地，这片陡峭的高地位于纳沙尔村的旁边。由于没有发觉敌军已经开始撤退，德·拉·科尔纳决心守住这块高地而避免被诱入低地与土耳其人野战。天一亮他就能弄清楚敌军的意图。在那之前他明智地决定约束住自己的人马。他的副手，阿尔瓦雷斯·德·桑德（Alvarez de Sandé），则更为冲动鲁莽，按捺不住要率领自己的手下对土耳其人发动一场夜袭。德·拉·科尔纳的小心谨慎在这一天占了上风，于是援军静待着天明之后的事态发展。

随着第一缕阳光洒遍全岛，比尔古和森格莱阿的守军望向面前一片焦土和弹坑遍地的山坡，发现上面早已空空如也。曾飘扬在战壕里和炮位上的星月大旗也失去了踪影。山丘上再没有成群的近卫军准备投入冲锋作战。拉·瓦莱特下令打开城门。

这是数月以来的第一次，骑士和士兵们，男人、女人和孩子们从城镇里平安无事地走了出来。尽管或由于遍体鳞伤和缺衣少食而虚弱不堪，或为火焰所灼伤，或被地道引爆和炮轰震得耳聋眼花，他们还是冲出城堡，拥入荒芜的无人区，如同熬过漫长严冬后迈入春日田野一般。他们在土耳其人遗弃的阵地上四处搜寻，从这里捡起一把火绳枪，从那里捡起一个头盔，这里有皮甲上衣，那里有大马士革制造的匕首。从毁弃的炮位里他们发现了几门火炮。从未埋葬的死尸身上他们寻到了珠宝钱包、制作精良的武器和镶嵌宝石的衣扣胸针。

一些骑士和军士立刻骑马跑遍了马尔萨，并上了希贝拉斯山。从那夺去数千性命的焦干山头上，他们向马萨姆谢特湾望去。第一批土耳其舰船已经在航行中，在上下翻飞的船桨驱动下穿过狭窄的港湾口部，经过圣艾尔摩堡的废墟。骑士们策马冲下海岬的尖端，穿过城墙缺口处，年迈的德·瓜拉斯和无畏的米兰达就是在那里英勇牺牲的。在垮塌的城墙上，阳光和海风早已净化了充满死亡气息的空气，他们在那里升起了圣约翰骑士团的白十字旗。随着它在微风中猎猎作响，土耳其舰船开始离开港湾。信使被派回比尔古，请求将轻型火炮尽快运到圣艾尔摩堡。

在 9 月 8 日这一天——距土耳其舰队第一次出现在马耳他已近四个月——这支庞大的入侵部队开始撤退了。从第一轮大炮开始从希贝拉斯山和圣艾尔摩堡上向他们猛轰那一刻起，他们竭尽全力地逃离。他们的舰船，缠结着杂草以及漫长夏日里肆无忌惮生长出来的海生生物，由于日晒和海水盐蚀而褪色，且满载着伤员，与 5 月初那支意气风发地航行在伊奥尼亚海上的船队截然不同。

9 月 8 日不仅是解围的一天，而且是圣母玛利亚的诞生日。拉·瓦莱特及时提醒他的追随者们和岛民们，拯救他们的正是天主，而不是凡人。圣劳伦斯修道院教堂的钟声响彻比尔古全城。

我不相信有史以来还有哪种音乐对于人类来说是如此甜美动听。这是三个月以来的头一回，我们听到的钟声不是召集我们拿起武器抵抗敌军。那个早晨，当他们敲响钟声的时候，恰好是我们已经习惯于听到钟声拿起武器的那个时刻。于是我们更加庄重地感谢我主，感谢他神佑的母亲，感谢他们对我们的厚爱。

狭窄街道上防御敌军炮火的石墙还没来得及拆除，马耳他人就从被毁坏的房屋里和残垣断壁中拥上街头，与骑士和士兵们一道向胜利女神献上一首《赞美颂》（Te Deum）。战争的狂暴使得岛上浓烟四起，废墟遍地，时不时就有一段破碎的城墙发出剧痛般的叹息声倒下。街道里散落着炸开的炮弹和金属碎片以及蜥炮发射出的巨型石弹。在小小的修道院教堂里，人们看到装有施洗者约翰手臂的银制圣骨匣在冷暗中发出的微光。曾有一刻甚至那些大十字勋章骑士都不禁怀疑拉·瓦莱特在比尔古死守不退的决定是否正确，现在他们认识到大团长有多么明智。每个岗位都被坚守到了最后。在圣艾尔摩堡、比尔古和森格莱阿捐躯的人，并没有白白牺牲掉。

也就是在这个时候，当围城战的幸存者正在为他们的胜利感恩时，穆斯塔法帕夏意识到他在援军数量上被严重误导了。从被派去侦察敌军位置的西帕希那里，还有看到过援军抵达的船长那里，他了解到只有 28 艘船来过这个岛，而登岸部队的人数只有 8000 人，可能还更少。他害怕苏丹会迁怒于他，同时对辜负他的舰队和其司令愤愤不平，于是下令立刻停止撤退。

皮雅利则更急于带着他的宝贝舰队在冬季暴风雨来临前穿过伊奥尼亚海和爱琴海，于是站在了穆斯塔法的对立面。两位

指挥官之间长久以来的公开敌意再一次爆发出火花。穆斯塔法
很快就指出苏丹无法容忍失败。整个围城战中陆军为了确保胜
利做了所有力所能及的事，但是舰队付出了与陆军同样的努力
吗？他要求已经登船的部队立即上岸，而皮雅利带领他的舰队
航行了七英里来到圣保罗湾的海岸边。总司令意欲决一死战。

拉·瓦莱特设置在希贝拉斯山和圣艾尔摩堡上的岗哨匆忙
向大团长报告土耳其军队在下船。他们的船只全部离开了大港
湾并沿着海岸向北航行，但是部队正在海岸上重组。一名信使
立刻前去告知阿斯卡尼奥·德·拉·科尔纳，穆斯塔法很明显
改变了主意并准备打野战。同时，其他的骑兵则被派去沿着海
岸跟踪土耳其舰队。

拉·瓦莱特很清楚此时的一场败仗仍有可能使他丢掉这个
岛。穆斯塔法的军队数量要比德·拉·科尔纳的多，而一场胜
利则会重振土耳其人的士气。一旦此事发生，那么穆斯塔法很
可能会决定在岛上过冬并且通过饥饿战术拿下骑士团的城堡。
拉·瓦莱特还深知如果援军的命运以灾难告终，那么将不会再
有任何来自西西里的援助。

阿斯卡尼奥·德·拉·科尔纳在收到大团长的警报后立刻
将他所有的部队都部署在纳沙尔的高地上。从那里他可以观察
到土耳其军队从马萨姆谢特湾的顶端出发，沿着陆地向他直趋
而来。穆斯塔法派上岸的人马大约有 9000 人。朝海上望去德·
拉·科尔纳看到土耳其舰队沿着海岸缓缓上行。从岛的北部返
回的信使报告说第一批船只开始在圣保罗湾下锚。看起来穆斯
塔法希望向北推进，消灭援军，然后带着这场归功于自己的胜
利与皮雅利的舰队会合。德·拉·科尔纳决定在有利的位置等
候着。他不想被敌军引诱下高地而后在平原上进行决战。然而，

他没有考虑到刚刚到达的圣约翰骑士们和他自己的部队可是火气正旺呢。

鲁莽冲动的骑士们已经在西西里压抑得太久，根本就听不进去要小心谨慎之类的话。

"敌人就在那里！"他们喊道，"远处还冒着烟的废墟就是我们的兄弟殉教的地方！"

不等命令下达，他们就开始从山脊疾驰而下，德·桑德带领的部队立刻紧随其后。看到利用旺盛的士气（且受益于他们的冲劲）会比试图让他们撤回来更好，阿斯卡尼奥·德·拉·科尔纳下达了发动总攻的命令。在西面山坡上观察和等待的姆迪纳守军及马耳他民兵也随之跟进。当援军的主力冲向敌军的先头部队时，来自姆迪纳的部队则转而穿过平原准备从侧面攻击敌军。

穆斯塔法帕夏让他的部队在登船后又再次下船的决定是个大错。在岛上经历了数月的劳而无功之后，惨重损失的土耳其人士气低落，根本无意与生龙活虎的援军一较高下。登船之后，他们原以为马耳他岛这片致命的土地已被他们抛之身后，现在只能带着极大的不情愿遵从帕夏的新命令。看到这些生力军从纳沙尔高地上向他们猛扑而来的时候，很多人肝胆俱裂，转身而逃。其他人则踌躇不前。骑士们和西班牙部队对阵容不整的土耳其人先头部队予以迎头痛击。

当然穆斯塔法的部下里不乏血勇之人。一小队人马设法夺取了山脊上最高点的一个小瞭望塔，然后向基督徒猛烈开火。围绕着这座瞭望塔双方展开了主要战斗。土耳其人决心守住这座塔以便己方部队安全通过，而基督徒也同样下定决心夺取它并转而侧袭敌军。最后，一队西班牙步兵直面敌军的密集火力，成功地攻上山丘并且一举拿下瞭望塔。"……于是在那一天，他们不留活口，用敌人的血染红了自己的剑。"

被基督徒从瞭望塔里驱赶出来的土耳其人无法保护己方的侧翼，现在不得不全面撤退。他们如潮水般涌过姆迪纳和纳沙尔之间的山谷并向海边逃去。在向东北方延伸至圣保罗湾的狭长而又肥沃的平原上现在是一片慌乱。骑兵和西帕希仓皇留下一路尘烟。当数以千计的残兵败将推推搡搡、跌跌撞撞地逃向大海时，整个夏季无人打理和浇灌的干旱土地颤抖着、摇晃着。

此时，穆斯塔法帕夏如同在围城过程中一样表现出无与伦比的勇气。无论他作为指挥官犯下了何等错误，没有人可以质疑他的勇气。他一整天中始终位于战斗最核心的地方。在战斗的初期阶段他一直待在先锋部队里。但是现在最初的进攻已经转变为溃退，他便将自己置身于后卫部队中。他胯下的坐骑被击中了两次。有一次他几乎丢掉了性命。直到近卫军发起决死冲锋才使他们的主帅免于被俘或被杀。

随着己方军队的先头部队撤到圣保罗湾附近，穆斯塔法和后卫部队在圣保罗湾以南、临近萨利纳（Salina）小海湾的平地上设置了阵地。穆斯塔法观察到追兵的队形变得混乱起来，马耳他民兵和西班牙步兵已经落后于马上的骑士很长一段路。他迅速布置了一组近卫军火绳枪手。一声令下之后，他们对扑面而来的杂乱阵容猛烈开火。在这一刹那基督徒的进攻戛然而止并被粉碎。带领进攻的阿尔瓦雷斯·德·桑德因为胯下的战马被击中而被抛向地面，很多骑士也同时落马，其中有几人受了伤。根据巴尔比的记载，有四人因为"盔甲的极度闷热"而中风发作最后丧了命。穆斯塔法的行动取得了他想要的效果。当他的人马开始登上在圣保罗海湾等候他们的船只时，是这一行动阻止了骑士们的前进势头。

阿尔及尔总督哈桑受命掩护登船行动的最后阶段，他将一队队火枪手布置在俯瞰着海湾的小山头上。当骑士和士兵们重整旗鼓再次冲过来的时候，迎击他们的是枪林弹雨。他们的推进再次受阻而土耳其军队又赢得了一点时间。

此时，宽度不足一英里的海湾入口处的景象颇为壮观。蓝色的浅水里布满了密密麻麻的船只，船桨在水面上下舞动以驱动小船疏散败军。在狭长的岩石小岛赛尔穆内特（Selmunett）周围的海域上——此处亦是传奇的圣保罗沉船之地——战船正在焦虑地来回巡逻。土耳其人盯着北方，唯恐一支来自西西里的基督徒舰队突然杀出。其他舰船和货船则群集在距此向北一英里处的梅利哈湾。如此规模的舰队和如此庞大的陆军居然会溃逃，仍然让人难以置信。如同撤退行动中总会发生的一样，水手们责备着士兵们，而后者反过来怨恨着前者。

基督徒的大部队现在已经追上了穆斯塔法的后卫。哈桑的火枪手再也无法阻止对方的攻势。他们被无情地逐入海中，海湾周围的所有山坡和岩石陆架都成了血腥的肉搏战场所。在很多地方，浅蓝色的海水只有数英尺深，却呈现一幅可怕的景象——翻底的小船、翻滚在水中的尸体，以及在用斧头、剑和弯刀互相劈砍的战士。阵阵枪声从岸上的基督徒队伍中，从小船上的火枪手中传来。数以百计的人在这场最后的战斗里丧生。

9 月 8 日晚上，围城战结束了。从梅利哈和圣保罗湾出发，苏莱曼苏丹的舰队与来自马尔萨什洛克的最后一批货船和运输船会合了。当时吹在海上的是一股西北风，舰队鼓起风帆，驶向希腊、摩里亚、爱琴海和君士坦丁堡。他们身后留下的是一个满目疮痍的小岛，以及比尔古与森格莱阿周围山坡上堆积如山的死尸。他们最后一次作战的地点，闭塞的圣保罗小海湾里，也填满了尸体。"那两三天后海湾的水里仍然厚厚地叠着的敌人尸体——大概有三千多具，那里发出的恶臭使人无法靠近。"

穆斯塔法随着最后一批士兵登上了船。仍由哈桑手下英勇的火枪手保护着的帕夏此刻回望着小岛。他看得见圣保罗湾后方光秃秃的瓦迪阿山（Wardia），以及远处纳沙尔山坡上的银色闪光，还有屹立于无法征服的高地上的姆迪纳城……他看不到躲在其他山丘和山脊后面的灰暗的森格莱阿和比尔古——也看不到圣艾尔摩堡支离破碎的城墙。

巴尔比在日记的开头这样写道：

> 1565 这一年，骑士团正处于勇敢和虔诚的大团长让·德·拉·瓦莱特的精心治理之下，却横遭苏莱曼苏丹的大军进攻，因为苏丹感到骑士团的船队在陆上和海上均给他造成了极大伤害，让他颜面尽失；我主为之欣喜。

现在，四个月之后，苏丹麾下几乎不可战胜的舰队和大军都被击败了。马耳他和耶路撒冷圣约翰骑士团生存了下来。然而，胜利的代价是高昂的。

第 30 章　"我们永远无法征服你"

"然后他们来到比尔古，既是为了目睹各个城垛所遭受的巨大破坏，也是为了瞻仰如此赫赫有名而又英勇无畏的大团长本人。"在他的有生之年，拉·瓦莱特成了一个传奇。他成了骑士美德的化身。

当援军进入比尔古的时候，映入他们眼帘的是一幅触目惊心的景象。最后一战中轻易击败敌军的胜者现在认识到了为了使这个岛获救，人们所付出的代价有多么惨重。比尔古和森格莱阿经过三个月的围攻后仍然硝烟弥漫，残垣断壁满目。两地没有一栋完好无损的房屋，而且在一些地段，城墙上的缺口是如此之大，让人难以相信土耳其士兵竟然没能从这里攻入并压制住守军。几乎所有的男人、女人和儿童的身上都有残酷的围城战留下的痕迹。伤残病号在瓦砾堆中艰难地挪动身体，他们仿佛立起的死尸，又好似在嘲笑这些生机勃勃的健壮士兵为何来得如此之晚。

四处都有人把土耳其人攻击的地点，以及他们认识的人捐躯的位置指给新来的援军看。"胡安·德·拉·塞尔达在这里倒下了……""那里是一群马耳他游泳者动身突围地方……""这里就是大团长的侄子在攻城塔前被砍倒的地方……"比尔古城前方的区域仍在震动不已，地面上时不时突然出现裂坑，这是因为之前挖掘的地道顶棚坍塌了。当看到卡斯蒂利亚堡垒区在那个命运未卜的早晨被炸出的巨大缺口时，他们就如韦尔托告诉我们的那样，"心里充满了难以言说的剧痛"。

圣约翰骑士团的小王国就这样躺在废墟中奄奄一息。悲痛不已的马耳他人可能会后悔为了外来的基督教骑士团抛头颅洒热血！苦涩不已的农夫看着被糟蹋的田地捶胸顿足，他们可能会想到即使像图尔古特这样的海盗的袭掠也不会造成这么大的破坏。然而，他们投身于一场"圣战"，为拯救欧洲贡献自己的力量这一伟业将使他们永垂不朽。当他们埋葬死去的亲友时，他们会记起活下来的人还必须承担日常的罪业，而逝者已纯洁无瑕地升入天堂。

援军将自己所有能分出的补给都尽可能地拨给了这两座损失惨重的城堡。他们将布料和绷带运上岸作医护之用。他们的水手推动着酒桶下船好让守军恢复元气。即使在这个时候，当阿斯卡尼奥·德·拉·科尔纳的士兵们在为击败穆斯塔法而欢庆时，他们也看得出在他们到达之前守军的胜利已经唾手可得。曝尸山野的土耳其人（现在被草草地埋进普通的坟墓里）、毁弃的火炮，还有马尔萨地区一片狼藉的营帐，这一切都不言自明。仓皇逃离马耳他的并非一支即将获得胜利的军队。那是一支早已被击败的军队。

有可能就是在围城战结束之后的最初几天里，一些夜里围坐在篝火旁的士兵开始为后来一首闻名于地中海的歌谣填词：

> 金城马耳他，银城马耳他，稀世玄铁铸就的马耳他。
> 我们永远无法征服你！
> 不，即使你薄脆如南瓜，
> 即使保护你的只有一层洋葱皮！

从她的城堡里传来一个声音回应道：

正是我摧毁了土耳其舰队——
还有那所有来自君士坦丁堡和加拉太的勇士！

现在一切都结束了。骑士团的大旗飘扬在未被敌军征服的两个海岬上以及牺牲自己成全友军的圣艾尔摩堡的废墟上。现在到了大团长和他的秘书以及议事会盘点降临到他们身上的不幸之事的时候了。他们感恩天主赐予胜利，但是他们深知为了胜利付出的代价何其惨痛。骑士团有将近 250 名骑士丧生，活下来的那些人差不多不是重伤就是余生残废。西班牙和其他外国士兵以及马耳他居民中有 7000 人在马耳他岛保卫战中丧生。原来将近 9000 人的守军中，现在只有 600 人能拿起武器听候大团长的调遣。穆斯塔法曾经推测再有几周时间马耳他岛就会不可避免地落入他的手中，他是正确的。

"苏莱曼一世的军队，" W. H. 普雷斯科特写道，"在他悠久而辉煌的统治期内，还从未遭遇过像马耳他围攻战失败这样耻辱性的逆转。不用说大费周章的海军备战，巨大的人力损耗……"巴尔比估计在围城战期间土耳其人损失了 30000 人。韦尔托在查遍所有记录之后，同意了这个数字。布瓦热兰则更保守地倾向于 25000 人。冯·汉默在他的《奥斯曼帝国史》（*History of the Ottoman Empire*）中推算土耳其军队的原有数量（排除水手、加莱船奴隶和编外人员后）为 31000 人——其中回到君士坦丁堡的最多不过 10000 人。

不过要记住的是所有这些数字是基于土耳其人或基督徒的记录得出的，而没有任何现存数据表明阿尔及利亚人、埃及人或是图尔古特的巴巴里海盗的伤亡人数。如果接受土耳其人损失的最小数字——20000人——的话，那么远征军的全部损失很可能约为30000人。这还没有将马耳他岛与北非海岸之间由于西西里舰队的攻击而损失的船只和兵力计算在内。

这是奥斯曼帝国试图突入西地中海的最后一次大规模行动。在随后的几个世纪中，他们偶尔也会尝试渗透到马耳他防线的背后，但不过是怯懦的小打小闹而已。正是因为在此次大围攻中他们的陆军被击败，而且他们的舰队被证明是低效无能的，土耳其势力的向西扩张第一次被遏止。其海军的妄自尊大在1571年的勒班陀之战中受到了毁灭性的最终一击：由马耳他桨帆船支援的基督教联军舰队，摧毁了奥斯曼帝国舰队的绝大部分。

马耳他得救而苏丹被打败的信息由船只、骑手和烽火传遍了整个欧洲。从巴勒莫到罗马、巴黎，甚至伦敦，各个礼拜堂和大教堂都响起了钟声。尽管教皇作为骑士团的保护人自然会下令在罗马举行庆祝活动，但是尤为重要的是，信奉新教的英格兰也没有忘记这次胜利。马修·帕克（Matthew Parker），坎特伯雷大主教，（毫无疑问是在与伊丽莎白女王商量之后）指定在此次战事结束后的六周内，每周进行三次感恩仪式。原先被称作"无名小岛"和"软砂岩石岛"的马耳他，现在以"英雄之岛"和"信仰之堡垒"闻名于世。

富饶肥沃的罗德岛曾让维利耶·德·利勒·亚当甚至拉·瓦莱特念兹在兹，但是现在重返罗德岛的想法已经全然消失。再也无人讨论要将骑士团的基地和总部迁移到地中海的其他地区了。苏丹的大举进攻无形之中成功地打消了这种念头。这次进攻清楚无误地向欧洲和地中海地区的所有势力证明了，拱卫着内海贸易路线的马耳他的战略地位有多么重要。再也不会有欧洲的统治者认为马耳他无足轻重了。

至于西西里总督堂加西亚·德·托莱多，"当他从锡拉库萨的要塞尖堡上望见土耳其舰队经过并驶向外海时，无须信使来报便知道援军解围并获得了可喜的胜利"。几天之后，他于 9 月 14 日再度南行，又带来了 4000 人马保卫这座岛以防土耳其人卷土重来（虽然可能性不大）。大团长以平常的礼仪接待了总督大人，并没有提及骑士团和全岛在总督漫长的拖延中损失了大多数人马一事。拉·瓦莱特在比尔古的废墟之中为总督一行举行晚宴，但没有足够的食物和酒来招待尊贵的客人。于是堂加西亚和舰队的其他船长为这个场合提供了必需品，而"戈佐岛的总督也送来很多新鲜的食物"。

总督大人说自己在南行的路上经过了土耳其舰队的尾部，所有敌船正驶往同一方向——东面的君士坦丁堡，鉴于己方舰队规模无法与敌方相抗衡，他只能放弃攻击。对此大团长可能讽刺地一笑置之，并没有发表任何评论。随后他领着总督大人巡视全岛及其防御状况。他们一起察看了土耳其人的战壕并走过森格莱阿崩碎的海基城墙。他们在希贝拉斯山炎热的山坡上纵马驰骋，直达远端那孤零零的城堡。总督大人从拉·瓦莱特那里直接知道了自己儿子的死讯。现在不是大团长责备他，或是质问他在漫长夏季里的拖延行为的时候。

数日之后堂加西亚返回了西西里。而拉·瓦莱特，注视着他那严重受损的防御设施、烧成一片白地的荒瘠小岛、被大幅削弱的守军，以及境遇悲惨的岛民，只能沉思起摆在眼前的如山般的任务。当他向上帝感恩获得拯救的同时，他也在为将来做打算。他在梦想着能拥有一系列坚不可摧的要塞，以及能够长久存在的城市。

第 31 章　坚不可摧的堡垒

刀斧之刑或弓弦勒颈对于那些忤逆苏丹的人来说不过是寻常惩罚。穆斯塔法和皮雅利在战败后返回君士坦丁堡的途中很可能脖颈发凉。他们小心翼翼地准备了说辞解释这次远征为何以灾难性的失败告终，并通过一艘快船将他们的信件先期送达。刚听到这一消息，在生命的最后几年中（可能是由于饱受痛风之苦）脾气变得尤为暴躁的苏莱曼将信件扔在地上，狠狠地踩踏上去。

"世无双帝，天无二主！"易卜拉欣（Ibrahim）维齐尔在力劝苏莱曼远征马耳他的时候如此说道。但此时苏丹不得不承认圣约翰骑士团在大团长拉·瓦莱特的领导下公然反抗他并且全身而退。

"众臣之中就没有一个我能信任的！"他喊道，"明年，我本人，苏莱曼苏丹，将亲自率领一支远征军进攻这个该死的小岛。岛上的居民一个不留！"

当舰队绕过马塔潘角（Cape Matapan）并在爱琴海上艰难地跋涉时，苏丹的狂怒随着时间的流逝慢慢消退。在起初的愤怒消失后，他派出信使告诉穆斯塔法和皮雅利在夜幕降临后再让舰队进港。他不想让自己的臣民看见这支军队的惨象。他也宽宥了这两员大将的失败。

"我明白了只有在我的手中，我的利剑才能无往不胜！"

尽管发出了豪言壮语，苏莱曼苏丹却注定不会率军攻打骑士团的马耳他岛。第二年，他乾纲独断，认定再次进攻马耳他的时机不成熟，便将注意力转向了匈牙利的战场。1566 年 9 月 5 日，苏莱曼苏丹在围攻锡盖特堡（Szigetvár）的时候去世，享年 72 岁。在其漫长而光辉灿烂的统治——可能是伊斯兰历史上最辉煌的时期——中，他仅仅遇到过两次名副其实的挫败。一次是 1529 年他在维也纳城墙前铩羽而归，而第二次——也是破坏力最大的一次——就是在马耳他。

参与了大围攻的穆斯林指挥官中，日后唯一脱颖而出的就是亚历山大港总督艾尔·劳克·阿里，他在 1571 年 10 月又参与了勒班陀之战。当基督教联合舰队在奥地利的堂胡安率领下进攻土耳其舰队时，只有艾尔·劳克·阿里的分队取得了一定成功。在战术策略上完全压制了安德烈·多里亚之后，艾尔·劳克·阿里杀入基督教舰队的右翼，在其中横冲直撞。当总司令阿里帕夏率领的中军崩溃后，土耳其舰队被一路追杀，但艾尔·劳克·阿里仍然能带着自己分队的绝大多数舰船安然脱身。另外一位活着参加勒班陀之战——最后一场由桨帆船主宰的大海战——的指挥官是功勋骑士罗姆加。罗姆加可能是圣约翰骑士团有史以来培养出的最出色的水手，他的名字值得与其令人生畏的对手、海盗图尔古特一并载入史册。

出身高贵的希腊人拉斯卡里斯也在围城战中生存了下来。他的出逃对骑士团的事业大有裨益，尤其是在防御土耳其人对森格莱阿发起的第一次进攻时。他回归了祖辈的信仰，且他的英勇行为打动了大团长，拉·瓦莱特特意为他安排了一笔养老金。至于围城战中涌现出的马耳他英雄们，他们留下的只有传说，没有记录。如同那个时代的普通士兵一样，他们的名字被认为对于官方文件或史书来说无足轻重。他们之中只有少数几个人，例如卢卡·布里法和托尼·巴雅达的名字留存在了马耳他人的故事里。后者的名字还被用来命名一个渔村的一条街道，这个渔村就在土耳其人最后一次战败的地方——圣保罗湾。

堂加西亚·德·托莱多在马耳他解围之后不久就归隐了。根据一份官方资料的说法，拉·瓦莱特向西班牙国王腓力二世控诉了总督的所作所为。显然大团长有充分的理由去控诉一个将他置于孤立无援的境地长达四个月的政策（除了那支"援军小队"）。尤其是他曾经得到过堂加西亚的两个信誓旦旦的保证说会来救援马耳他岛——第一个是6月底之前，第二个是8月底之前。骑士团的史官很快就将堂加西亚塑造成一个反面人物，并试图发掘他的所作所为背后是否有深层原因。但更有可能的原因是西西里总督总是将其辖区的利益置于首位，而且他也无法征集足够的部队和船只来履行他起初的乐观承诺。无论错误原因被归结在何处，他似乎因此招致了其主君的不快。不久之后他就被解除了西西里总督的职务并退休回到那不勒斯，"他在那里度过了余生，不再担任任何公职，最后默默无闻地死去"。

弗朗西斯科·巴尔比·达·柯勒乔关于大围攻的日记是迄今为止我们所拥有的对此事件最准确的记录。巴尔比在战后又活了二十四年。他在作为西班牙部队里的火枪手保卫森格莱阿的时候是60岁。在意大利小镇柯勒乔的地方志里，关于1589年12月12日这一天哈利·卢克爵士（Sir Harry Luke）是如此记载的：

> 远离故土、命途多舛的云游诗人弗朗西斯科·巴尔比·达·柯勒乔据说死于这一天，他用意大利语和西班牙语创作。著名的历史学家蒂拉博斯基（Tiraboschi）和科莱

奥尼（Colleoni）都称赞了他。［巴尔比的围城日记于 1567 年在埃纳雷斯堡（Alcala de Henares）首次出版，于 1568 年在巴塞罗那再版。］

大团长拉·瓦莱特集欧洲所有王国的荣誉称号于一身。腓力二世授予他一组镶嵌着珠宝的短剑和匕首，其刀把上嵌有珍珠和钻石。"卓绝超群的瓦莱特"①——国王的使节在授予他这一荣耀时说的赞词使人脸红，苏莱曼苏丹听到可能也会尴尬不已。保卫马耳他之战、马耳他岛的海岸线、大团长的形象和个性，都在各种诗句和历史政事中被传颂着。围城战的各种事件和细节都被很多同一时代的画作、地图和印刷品重现。这些作品中最早的一幅现存于马耳他皇家图书馆，它印刷于 1565 年的德国——仅仅在解围约一个月以后。这幅作品显示了土耳其军队和舰队的布阵、他们位于马尔萨的大营，以及被敌人围困的圣艾尔摩堡、圣安杰洛堡和圣米迦勒堡的城墙。

比尔古和森格莱阿这两个小渔村在大围攻之后也并未被人们遗忘，享受了应有的荣耀。前者被重新命名为"维托里奥萨"，意为"胜利之城"（the Victorious City）；后者被命名为"伊维塔"，意为"难攻不下之城"（the Unconquered）。

教皇庇护五世时刻不忘要将骑士团笼络于自己保护之下，于是授予了大团长一顶主教冠冕。拉·瓦莱特小心而又谦卑地以自己配不上此等荣耀的托词婉拒了教宗的恩赐。他说，他将无法充分地履行主教的义务，因为自己作为骑士团首领，不得不将大多数时间用来处理团务工作。作为大团长，他一定还提

---

①　原文"Plus quam valor valet Valette"为拉丁文。

醒自己，他与主教不同——既不能直接听命于教皇，也不能卷入梵蒂冈的政治斗争。拉·瓦莱特拒绝接受主教冠冕一事有时被人归之于谦逊，但更为可能的原因不过是常识罢了。

1565 年的整个秋季和冬季，大团长和他的议事会，以及岛上的所有居民都在夜以继日地修整防御工事，以防敌人再度进犯。拉·瓦莱特还忙于向欧洲的君主们募集财政援助。现在由于他的威望，以及这个小岛的声名，各项捐赠来得既快且多。骑士团的成员中几乎每个人都富甲一方，他们也给予援手，接济骑士团耗尽的财源。骑士团的加莱船队经过整修，整装待发，准备来年再次执行洗劫苏丹的供给航线这一有利可图的任务。

意大利工程师弗朗西斯科·拉帕雷利（Francesco Laparelli，教皇特意选中他来完成这项任务）到达马耳他。他带来了新的防御和城市设计方案。世人有时会将选定希贝拉斯山作为骑士团新大本营的理想地点这一决策归功于拉帕雷利和拉·瓦莱特。实际上，在大围攻之前拜访了此处的几位工程师就提出过这一建议。这些工程师中有斯特罗齐伯爵（此人是第一个建议修筑圣艾尔摩堡的工程师）和安东尼奥·费拉莫利诺（Antonio Ferramolino，此人重新设计了圣安杰洛堡和比尔古的防御设施）。但事实上是拉·瓦莱特实用的天才创意、重振骑士团财政的能力，以及对拉帕雷利方案的迅速理解，一手促成了以他本人名字命名的城市的诞生。

希贝拉斯山从北面俯瞰着大港湾，向南又居高临下地控制着马萨姆谢特湾，作为骑士团新的大本营再合适不过了。1566 年 3 月 28 日，新城的第一块基石奠定。大团长与所有骑士齐聚在土耳其军队精英凋谢殆尽的山坡上，举行正式的奠基仪式。这座城市随后以大团长的名字命名——最谦卑的瓦莱特之城

（the Most Humble City of Valette）。时人以为这不过是委婉之词而已，因为这座城市将成为全欧洲最为高贵且独一无二的堡垒——在后来经常被人称为"傲视群雄之城"（Superbissima）。

在整个 1566 年，有超过 8000 名工人在希贝拉斯山上埋头苦干，他们挖高填低，于平地上建起道道城墙。而此时马耳他岛由一支 15000 人的守军保卫着。他们由腓力二世派遣，以防土耳其人再次来犯。但此时苏丹深陷匈牙利，于是城墙在一片平和之中从大港湾和马萨姆谢特湾周边崎岖的峭壁上拔地而起。当加莱船队游弋巡逻监视南面的巴巴里海岸和东面的爱琴海之时，当年轻的骑士们在修行苦旅以参透海上贸易的辛苦不易之时，拉·瓦莱特在他的新城里夙兴夜寐。他在那里接见使团，召开议事会议，监督骑士团的各项事务，并与修建要塞的工程师和工匠们商议工程进展。

围城战结束三年之后的 1568 年 7 月，拉·瓦莱特在烈日下放鹰打猎了一整天后，不幸罹患中风。他被抬往比尔古的审判者宫殿，途经那些依旧狭窄却见证了他最伟大的胜利的街道。他弥留了数周，依然神志清醒地做出最后安排，释放家中奴隶，呼吁他的同袍和平相处、一致对外并初心不改地坚守骑士团的理想。1568 年 8 月 21 日，街道上安静守候的人群听到了大团长让·帕里佐·德·瓦莱特逝世的消息。

骑士团的成员们服从了大团长最后的命令，将其遗体抬上旗舰，经过大港湾驶向以他名字命名的城市。其他四艘加莱船——船体均被涂成了黑色——陪伴着这位最伟大的大团长走完最后的旅程。他的棺木穿过瓦莱塔城的新街道，最后被安置在献给圣女胜利女神的礼拜堂。

拉·瓦莱特的棺椁现在躺在圣约翰大教堂的地下室里。他的旁边安息着一位英国人，他的秘书和最忠实的朋友，奥利弗·斯塔基爵士——除了历任大团长以外唯一一个被安葬在地下室的人。

拉·瓦莱特的墓志铭由奥利弗·斯塔基爵士以拉丁文写就。翻译过来便是：

> 享有永恒荣耀的拉·瓦莱特在此长眠。他曾是惩罚亚非异教徒之鞭，欧洲之盾，他以神圣的武器驱逐野蛮人，是第一位长眠于这个他亲手造就且深受众人喜爱的城市的伟人。

大团长周围还躺着随后数个世纪的历任大团长。他的上方，大教堂镶嵌着花纹的地板之上，闪耀着骑士们的武器与徽章，这些勇士在超过二百多年的时间里一直守卫着这个坚不可摧的要塞之城瓦莱塔。

参考书目

Abela, Commendatore Fra F. G., *Della Descrittione di Malta* (Malta, 1647).

d'Aleccio, Matteo Perez, *I veri Ritratti della guerra & Dell' Assedio dati alla Isola di Malta dall' Armata Turchesa l'anno 1565* (Rome, 1582).

Balbi, Francisco da Correggio, *La Verdadera relaçion de todo lo que el año de MDLXV ha succedido en la Isla de Malta* (Barcelona, 1568).

Baudouin, J., *Histoire des Chevaliers de l'Ordre de S. Jean de Hierusalem* (Paris, 1624).

Boisgelin, L. de, *Ancient and Modern Malta & the History of the Knights of Jerusalem* (London, 1895).

Bosio, G., *Dell'istoria della Sacra Religione et Illma. Militia di San Giovanni Gierosolimitano* (Rome, 1594).

Bowerman, H. G., *The History of Fort St Angelo* (Valetta, 1947).

Brantôme, L'Abbé de, *Œuvres du Seigneur de Brantôme* (Paris, 1740).

Brydone, P., *A Tour through Sicily and Malta* (London, 1773).

Cavaliero, R., *The Last of the Crusaders* (London, 1960).

Cambridge Modern History, vol. III, *The Wars of Religion* (1907).

Corso, C., *Commentarii d'Antonfrancesco Cirni Corso...e l'Historia dell' Assedio di Malta diligentissimamente raccolta, insieme con altre cose notabili* (Rome, 1567).

Cousin, R. J. D., *The Siege of St Elmo* (Malta, 1955).

Crema, Cavaliere F. T. da, *La Fortificazione, Guardia, Difesa e espugnatione delle fortezze* (Venice, 1630).

Curione, Celio Secondo, *Nuova Storia della Guerra di Malta*. Translated into Italian from the original Latin by Dr E. F. Mizzi (Rome, 1927).

Currey, E. Hamilton, *Seawolves of the Mediterranean* (London, 1910).

Downey, Fairfax, *The Grande Turke* (London, 1928).

Floriana Pompeii, *Discorso intorno all'isola di Malta e di cio che porra succedere tentando il Turco dal impresa* (Macerta, 1576).

Gauci, Gaetano, *II Grande Assedio di Malta* (Malta, 1891).

Gravière, Jurien de la, *Les Chevaliers de Malte et la Marine de Philippe II* (Paris, 1887).

Hammer, J. Von, *Histoire de l'Empire Ottoman depuis son origine jusqu'à nos jours*. Translated from the German by J.-J. Hellert (Paris, 1841).

Hughes, J. Quentin, *The Building of Malta 1530–1795* (London, 1956).

Laking, Sir G. F., *A Catalogue of the Armour and Arms in the Armoury of the Knights of St John of Jerusalem in the Palace, Valetta* (London, 1905).

Lucini, Anton F., *Disegni della Guerra, Assedio et Assalti dati dall' Armada Turchesa all'Isola di Malta l'anno MDLXV* (Bologna, 1631).

Luke, Sir Harry, *Malta—An Account and an Appreciation* (London, 1949).

Macerata, Paolo F. da, *Difesa et Offesa delle Piazze* (Venice, 1630).

Molle, Stefano, *L'Ordine de Malta e la Cavalleria* (Rome, 1929).

Pantaleone, H., *Militaris Ordinis Johannitorum Rhodiorum aut Melitensium Equitum…Historia Nova* (Basle, 1581).

Porter, Whitworth, *The History of the Knights of Malta* (London, 1883).

Pozzo, B., *Historia della sacra religione militare di S. Giovanni Gerosolimitano, detta di Malta* (Verona, 1703).

Prescott, W. H., *History of the Reign of Philip II* (London, 1855).

Ryan, F. W., *Malta* (London, 1910).

Schermerhorn, E. W., *Malta of the Knights* (London, 1929).

Taafe, J., *History of the Order of St John of Jerusalem* (London, 1852).

Vassallo, G. A., *Storia di Malta* (Malta, 1848).

Vendôme, P. Gentil de, *Della Historia di Malta et Successo della guerra seguita tra quei Religiosissimi Cavalieri et il potentissimo Grand Turco Sultan Solimano l'anno 1565* (Rome, 1565). (More than twenty other editions in four or five languages, including an unusual edition by Hubert Pernot (Paris, 1910) with a Greek epic poem by A. Achélis based on the Great Siege.)

Vertot, L'Abbé de, *Histoire des Chevaliers Hospitaliers de S. Jean de Jerusalem* (Paris, 1726).

Viperanus, J. A., *De Bello Melitensi Historia* (Perugia, 1567).

Zabarella, Conte Carlo S., *Lo Assedio di Malta* (Turin, 1902).

Zammit, Sir T., *Malta—The islands and their history* (Malta, 1926).

Zammit, Sir T., *Valetta—An Historical Sketch* (Malta, 1929).

注　释

本书中所有的对话都是真实的。大团长的讲话和其他人的话都是我尽可能地从年代最早的资料来源中截取的。在每一章的注释的开头部分，我会依次标明我引用的主要权威史料。

第 1 章

Fairfax Downey, *The Grande Turke* （London，1928）。

R. J. D. Cousin, *The Siege of St Elmo* （Malta，1955）。

Conte Carlo S. Zabarella, *Lo Assedio di Malta* （Turin，1902）。

E. Hamilton Currey, *Seawolves of the Mediterranean* （London，1910）。

J. Taafe, *History of the Order of St John of Jerusalem* （London，1852）。

The Cambridge Modern History，vol. III （1907）关于 1564 年 10 月的国务会议的描述，我要感谢 J. 冯·汉默（J. Von Hammer）的 *History of the Turkish Empire*，文中主要参考了 J.-J. Hellert 的法文翻译版本（Paris，1841）。

第 2 章

Louis de Boisgelin, *Ancient and Modern Malta* （London，1895）。

Sir Themistocles Zammit, *Malta—The islands and their history* （Malta，1926）。

皇帝将马耳他群岛赠予骑士团的文件现存于马耳他皇家图书馆。此文件以皇帝查理五世及其母亲胡安娜的名义发布。

第 3 章

Conte C. S. Zabarella, ibid.

J. Baudouin, *Histoire des Chevaliers de l'Ordre de S. Jean de Hierusalem* (Paris, 1624).

关于地中海加莱船的很多信息我要感谢朱里安·德拉·格拉维埃的 *Les Chevaliers de Malte et la Marine de Philippe II* (Paris, 1887)。格拉维埃引用了 Forfait 的资料，Forfait 是一名法国海军工程师，针对加莱船做过专项研究。Forfait 计算出风平浪静的时候一艘加莱船在第一个小时内能够保持 $4\frac{1}{2}$ 节的速度，在随后的时间里速度为 $1\frac{1}{2}$ ~ $2\frac{1}{4}$ 节。

这一时期里体型最大的船之一是罗德岛的克拉克大帆船，这艘船随着骑士们离开罗德岛，并在马耳他退役。J. 塔弗在 *History of the Order* 里是如此描述这艘船的：

> 它对于我们来说不亚于生命之舟的原因在于，无论船身穿透了多少个大洞它也不会沉没。当瘟疫在尼斯肆虐之时，死亡率高居不下，空气中散发着腐败的恶臭，空中的鸟儿竟相落下啄食死尸，但是船上的人安然无恙，这主要归功于工人为了提供必备的螺栓、钉子和铁器而保存的大量火种……（它）有八层甲板或隔层，用于仓储的空间如此巨大，以至于它能在海上航行六个月而无须回陆地补充任何食品甚至淡水，因为它能储存充足的，且最新鲜、最清澈的淡水；船员们吃的不是饼干，而是

上好的每天烘烤出来的白面包，因为有一大批手磨机研磨着谷物，还有一台容量巨大的烤炉，一次能烘制两千个大面包。船身通体覆盖着六块金属防护壳，在水面以下的两块是由黄铜螺钉（不会像铁钉那样磨损铅皮）固定住的铅皮。由这样完美的技艺打造出来的它将永远不会沉没，也没有人类力量能够击沉它。船上的房间十分豪华，武器库足够五百人使用；各种类型的火炮齐全，更不消说其中五十门的尺寸超乎寻常；但是使这艘船冠绝群雄的是其无与伦比的轻灵与敏捷，以及其船帆的令人惊叹的可操控性——它仅需少许力道便可收帆或转向，自如地完成各种航海动作；船上的战斗人员暂且不论，仅是水手人数就已经达到三百人；两艘各有十五排桨座的加莱船，即使一艘与另外一艘头尾相接，它也能够将它们拖向自己这边；其他各种类型的船只在同等情况下当然也都能被拖动；而且它的侧面防护非常之强，尽管它经常参与到作战行动中，且曾被很多炮弹击中，却从来没有一枚炮弹能直接击穿它，或者即使击中了也无法穿透它。

第 4 章

Celio Secondo Curione，*Nuova Storia della Guerra di Malta*. 原作为拉丁语，著于 1565 年，由 Dr E. F. Mizzi 翻译成意大利语版本（Rome，1927）。

安东利诺·费拉莫利诺是一位意大利工程师和建筑师，为大团长德·奥迈德斯所聘用，并负责设计了建于 1541～1550 年的大部分防御工事。他的继任者是佩德罗·帕尔多。拉·瓦莱特任命的在围城前的那一年里负责兴建大多数工事的工程师是艾万杰利斯塔。R. J. D. Cousin 给出了在 1551 年图尔古特的突袭中被掳掠的戈佐岛居民的数字："七百名男人和五六千妇女儿童"。这个数据看起来有点被夸大，因为它几乎是这个岛上的全部人口数。

关于马耳他在大围攻前的防御状态的很多信息我要感谢 J. Quentin Hughes 的 *The Building of Malta 1530 – 1795*（London，1956）。马耳他皇家图书馆和骑士团的档案室也保存了关于这些防御工事的很多有价值的信息，包括可以追溯至 1552 年的圣艾尔摩堡原始设计方案。

第 5 章

我们非常幸运地拥有一份极好的目击记载，它将大围攻期间每天的战斗和事件都记录下来。这份记载由弗朗西斯科·巴尔比·德·柯勒乔书写，当时他是一位 60 岁的诗人、作家和雇佣兵，整个围城期间都在森格莱阿的守军中服役。马耳他皇家图书馆有两份该作品 1568 年巴塞罗那版的副本。

安东弗朗西斯科·西亚尼·科尔索是一位科西嘉的牧师，随同援军来到马耳他，是仅有的另一位记载了围城战的目击证人。与自始至终都亲身经历围城战的巴尔比不同，他只见证了战役的最后阶段。然而，他的资料是他辛勤地从围城战的幸存者那里收集而来的。皮埃尔·让提·德·旺多姆（Pierre Gentil de Vendôme）在马耳他岛被解救之后几个月就于罗马出版了他的 *History of Malta and the Siege*。他的资料来源也是幸存者及援军的成员。

541 名骑士和侍从军士于 1565 年春季在马耳他参战，这些人被分配给各语区的情况如下所示：

语区	骑士	侍从军士
普罗旺斯	61	15
奥弗涅	25	14
法兰西	57	24
意大利	164	5
英格兰	1	—
德意志	13	1
卡斯蒂利亚	68	6
阿拉贡	85	1

表中人数加总为 540 人，原文如此。——译者注

第 6 章

冯·汉默在他的《奥斯曼帝国史》（*History of the Ottoman Empire*），中给出了从君士坦丁堡启程出发的土耳其军队的各部队分类情况：7000 名来自小亚细亚的西帕希，500 名来自卡拉曼尼亚的西帕希，500 名来自米提利尼的西帕希，4500 名近卫军，3000 名非正规军部队，12000 名非正规西帕希，3500 名来自鲁梅利亚的非正规军。

巴尔比给出的数字是：6300 名近卫军，6000 名来自安纳托利亚的西帕希，500 名卡拉曼尼亚西帕希，2500 名鲁米利亚西帕希，400 名来自爱琴海群岛的非正规军，3500 名来自巴尔干的非正规军，4000 名志愿者，6000 名征召军。

尽管夸大敌军的规模是很自然的事，但巴尔比大多数的估计比较保守，他的全部记录是严肃谨慎的。没有理由怀疑他给出的总人数为 29200 的这一数字。这一数字当然没有将图尔古特的海盗、哈桑的阿尔及利亚人，或是埃及部队包括在内。在围城战的高峰期间，也就是伤病造成重大人员损失前，我们可以相信侵略马耳他岛的部队人数多达 40000 人。

第 7 章

John Taafe，ibid.

Jurien de la Gravière，ibid.

毫无疑问地存在于马耳他贵族与圣约翰骑士团之间的对立情绪不难解释。骑士团并不认为当地贵族（大多数是西西里－阿拉贡族系的后代）适合被吸纳进他们的团体。E. W. Schermerhorn 在 *Malta of the Knights*（London，1929）中做出如下评论：

> 马耳他贵族受过良好教育，深谙当地历史，对于他们来说，专横跋扈的骑士团留给他们的记忆就是抢走了他们的议会和自由制度，干涉他们主教区的神圣特权，势利地拒绝给予那些在骑士团盘踞罗德岛之前就拥有贵族头衔的古老家族的子孙以贵族权利……这种记忆在任何有教养的马耳他人的圈子里根本就不会被讨论或辩护。

第 8 章

John Taafe，ibid.

安东尼奥·费拉莫利诺被皇帝查理五世于 1541 年派往马耳他担任大团长德·奥迈德斯的顾问，他指出了岛上防御体系的所有弱点。他甚至建议骑士团放弃比尔古并将修道院教堂迁移到希贝拉斯山。毫无疑问，拉·瓦莱特在开始建设瓦莱塔的时候一定想起了他的建议。

对于圣艾尔摩堡的描述选自布瓦热兰和博西奥的著作。后者的 *History of the Order*（Rome，1594）相对来说内容翔实，证据充分。

皮雅利对占领马萨姆谢特湾的必要性的过度关注成了土耳其人取胜路上的绊脚石并最终导致他们的失败。实际上，如果他的舰队在整个夏季都停泊在马尔萨什洛克的话风险很小。*Mediterranean Pilot*，vol. I（Admiralty，London，1951）专门用了一个章节来讨论格雷大风及其趋势。在环游马耳他及中地中海地区的五年间我在夏季很少遇见强力的东北风。

在这一章和其他几章中，我引用了惠特沃思·波特（Whitworth Porter）将军的著作 *History of the Knights of Malta*（London，1883）。该书 1883 年的版本十分稀有，其内容是其他六七版的两倍。这一版次大约有四分之三毁于大火，之后也再也没有重印。

第 10 章

在这一章和其他几章我引用了 W. H. 普雷斯科特的著作 *History of the Reign of Philip II*（London，1857）。这一史籍的前两卷于 1855 年在伦敦出版，而这位伟大的美国历史学家在埋头写作第三卷期间不幸于 1859 年去世。第二卷的内容包括对大围攻的清晰准确的记载，这主要是基于巴尔比的回忆录。关于围攻的章节被翻译成了马耳他语并单独作为一卷在马耳他发售。

第 11 章

Brantôme，L'Abbé de，*Œuvres du Seigneur de Brantôme*（Paris，1740）。

这位伟大的法兰西历史学家和传记作家（1540～1614）在大围攻结束后不久就来到了马耳他。他见到了拉·瓦莱特和其他骑士。我在写作过程中借鉴了马耳他皇家图书馆里的

他于 1740 年在巴黎出版的著作，尽管毫无疑问 Lalanne 的 12
卷版本（1864～1896）是最好的史料。德·布兰托姆神父是
骑士团的狂热崇拜者，甚至亲自参加了几次桨帆船上的军事
服役。

关于图尔古特的生平我要感谢很多权威的著作——其中有
冯·汉默、朱里安·德拉·格拉维埃，和 E. Hamilton Currey。
下面是关于图尔古特侵袭马耳他群岛的简要总结：

1540 年，攻击戈佐岛。

1544 年，攻击戈佐岛。据说在这次袭击中图尔古特的兄弟
被杀，而且要塞总督焚烧了他的尸体。图尔古特发誓要复仇。
同时他说出了那句著名的预言：总有一天，他也会"在骑士团
的领土上"遇见他的死神。

1546 年，再次袭击戈佐岛。

1547 年，袭击马耳他，在马尔萨什洛克登陆。

1551 年，两次袭击马耳他，一次在春季一次在夏季。在这
两次中，他将马萨姆谢特湾作为总部。在被比尔古的骑士团击
退之后，他将攻击目标转为戈佐岛，而且将几乎所有的戈佐岛
居民变卖为奴。

1563 年，再次攻击戈佐岛。

1565 年，加入穆斯塔法帕夏和皮雅利的远征军，作为他们
的顾问参与围城战。被一发炮弹碎片击伤，于 6 月 23 日在马尔
萨的帐篷里去世，同一天圣艾尔摩堡陷落。

第 12 章

Von Hammer, ibid.

Balbi, ibid.

第 13 章

W. H. Prescott，ibid.

J. Taafe，ibid.

博西奥、韦尔托、塔弗，以及其他骑士团的史官都指控堂加西亚·德·托莱多胆小怯懦——如果不是更差劲的话。普雷斯科特有如下评论："……总督大人的行动远谈不上迅速果决，看起来情愿扮演他母国国粹中的斗牛士——让竞技场上的对手在殊死搏斗中筋疲力尽，直到能挥剑一决胜负时才露出青面獠牙。"

第 14 章

博西奥和韦尔托均提及维特莱奇作为被选中的骑士将哗变士兵的信件带给拉·瓦莱特。Zabarella 在没有提及权威来源的情况下，把这一不确定的殊荣归于法兰西骑士（Bonnet de Breuilhac）。这可能是民族自豪感在作怪。值得注意的是，Zabarella 在围城记录中将大部分荣誉归功于意大利语区。维特莱奇和布勒伊哈克均战殁于圣艾尔摩堡。

哗变者的原信迄今还未公开。我的翻译是基于早期权威资料所引用的信件内容。原信很有可能已在围城后不久或是更晚一些时间被毁掉，以避免为已英勇献身的人招致胆小鬼的污名。

第 15 章

Balbi，ibid.

Jurien de la Gravière，ibid.

E. Hamilton Currey, ibid.

诗句"最为圣洁的死士之一，在古兰经的感召下果敢杀戮"引自托马斯·莫尔（Thomas Moore）的诗"The Fireworshippers"。

第 16 章

W. H. Prescott, ibid.

人们现在可以在米兰王宫看见图尔古特这位令人生畏的船长和勇士、的黎波里总督的一幅肖像画。对于图尔古特的死亡朱里安·德·拉·格拉维埃写下了这句话——足以作为图尔古特的墓志铭："他没有在体弱病衰时去世，这是运气对他的最后一次青睐。"

第 17 章

R. J. D. Cousin, ibid.

P. Gentil de Vendôme, ibid.

E. Hamilton Currey, ibid.

J. Taafe, ibid.

L'Abbé de Vertot, ibid.

"从大象所居之处……"的诗句节选自 James Elroy Flecker 的 *Hassan*（London, 1922）。

第 18 章

拉·瓦莱特从围城伊始的所有行动，表明他已经下定决心绝不从马耳他岛撤退，不再重蹈罗德岛的覆辙。至于交战双方在围城期间所表现出来的残忍无情，Moritz Brosch 在 *Cambridge Modern History* 的第三卷中的评论比较恰当：

在对持有不同信仰的人的容忍度方面，苏丹要远胜于他的对手。从战败的基督徒那里收取什一税和夺走他们的孩子是一种残忍的行为，但是除此之外没有人在苏莱曼的时代受到迫害，而同时期宗教裁判所正在西班牙和尼德兰大开杀戒。有鉴于此，我们不能说在苏莱曼的战争里只有土耳其人这一方才有野蛮行为。有些方面无可否认的是奥斯曼人做得更好，而西班牙人和帝国（神圣罗马帝国）则表里不一。（斜体字为作者标注。）

第 19 章

关于拉·瓦莱特在围城战关键阶段的言语和行为我主要依据的是巴尔比、西尔尼·科索、韦尔托和布兰托姆。博西奥也记载了不少大团长的轶事。

第 20 章

拉斯卡里斯是一个比提尼亚家族，在 13 世纪有三位尼西亚皇帝出自这一家族。在君士坦丁堡陷落之后很多该家族的成员被土耳其人放逐，其余人被杀。拉斯卡里斯在围城战中生存了下来，拉·瓦莱特从骑士团的资金中拨给他一笔养老金。

木桩栅栏在森格莱阿防守第一次进攻的时候起了很重要的作用，这是拉·瓦莱特的又一出色的即兴之作。很多权威资料的作者，包括布瓦热兰和普雷斯科特，都错误地指出这道栅栏从森格莱阿的海岬尖端穿过海汉入口处直达科拉迪诺山的末端。这种情况由于水深和海底的自然条件根本不可能存在。

（海汉入口处现在水深 7 英寻，且很可能水深从未低于 5 英寻。）Perez d'Aleccio 的版画（依据围城幸存者提供的信息制作于 1600 年之前）非常清楚地表明这道屏障与森格莱阿的西部海岸平行。

第 21 章

本章中的大部分信息我要感谢 C. J. Ffoulkes 的著作 *The Armourer and his Craft*（London，1912），还有 G. F. Laking 的 *A record of European Armour and Arms*（London，1920）和 *Catalogue of the Armour and Arms in the Armoury of the Knights of St John in the Palace*，*Valetta*（London，1905）。

第 22 章

Balbi, ibid.

Porter, ibid.

毫无疑问，骑士德·吕尼的骑兵行动值得与德·吉拉尔的炮台（在土耳其人第一次对森格莱阿的进攻中摧毁了近卫军的十艘小船）一同大书特书一笔。如果不是有一定的运气成分存在，如果不是守军把握住了运气带来的时机，森格莱阿早就在这两次进攻下陷落了。

第 23 章

巴尔比给出的在第一次进攻森格莱阿的行动中被杀的土耳其人数量为 4000 人。这可能有所夸大。韦尔托估计的敌军伤亡数则更大。

在墨西拿就是否向马耳他派遣援军的问题引发的大辩论中，

詹尼诺·多利亚（Giannino Doria）——著名海军司令的侄子——是骑士们的主要支持者之一。反对派则倾向于让拉·瓦莱特接受条款，就如维利耶·德·利勒·亚当在罗德岛做的那样。阿尔瓦雷斯·德·桑德——后来是援军的副指挥官——据传也倾向于让拉·瓦莱特投降。

第 24 章

关于大围攻期间发射的炮弹数量我引用了朱里安·德·拉·格拉维埃的资料。如果有什么异议的话，那就是他给出的 70000 发炮弹的数字可能是低估了。需要记住的是一大部分发射向圣艾尔摩堡的炮弹是可以轻易回收并再次使用的。近年来，大港湾和圣艾尔摩堡的位置出土了很多炮弹。

哈利·卢克爵士在他关于马耳他的书里描述了这种生长在蘑菇石岛上的植物。它的学名字叫作墨角藻（*Fucus coccineus melitensis*），就像生活在费尔法拉岛上的蜥蜴一样，它在地中海的其他地方不为人知。

第 25 章

Vertot, ibid.

关于穆斯塔法的终极武器的描述引用自巴尔比。巴尔比有很好的机会来观察它，因为在其发起进攻时他正在圣米迦勒堡的守军中服役。

第 26 章

关于 8 月 23 日晚上的议事会会议的描述，我引用了巴尔比、安东弗朗西斯科·西亚尼·科尔索，Celio Secondo Curione

的著作；以及后来的例如韦尔托、布瓦热兰、Zabarella 和塔弗的作品。在我看来，拉·瓦莱特拒绝从比尔古撤退到圣安杰洛堡的行动毫无疑问拯救了全岛。

　　在围城战后期，不同的评论家和历史学家关于各事件的时间顺序众说纷纭。我总是尽可能地按照巴尔比的记述编排时间顺序，但是在某些地方我更倾向于西尔尼和 Curione 提供的日期。W. H. 普雷斯科特几乎完全采用了巴尔比的时间顺序。巴尔比确实亲身经历了围城的始终，但是他直到围城结束两年后才出版了自己的记录。西尔尼和 Curione 在同一时期出版了他们的记载，尽管他们未曾亲临战场，但是可能拥有比巴尔比更多的渠道查阅各种记录。德·韦尔托神父则是在一个世纪之后提笔，也拥有查阅所有记录和档案的渠道。无论如何，巴尔比的记述是最好的——出自战士之手的朴实无华的故事。

第 27 章

W. H. Prescott, ibid.

Vertot, ibid.

　　姆迪纳总督堂梅斯基塔在围城战的历史记载中只扮演了很小的角色。事实上，至少有两次，他的行动是有决定性意义的。他隐藏了姆迪纳的防守之弱是其一。另一次是他对马尔萨的土耳其大营展开的大胆的骑兵突袭，当时穆斯塔法帕夏马上就要成功拿下森格莱阿了。

第 28 章

　　医院在围城战过程中的重要性不应被忘记。Roderick

Cavaleiro 在 *The Last of the Crusaders*（London，1960）中对医院的功能作了以下描述：

> 医院的职责是免费看护所有种族、信仰和肤色的伤员和病号。不得拒绝任何病人的治疗需求，虽然如果病人是一个新教徒、希腊教派分裂者或是穆斯林，则会被限制在隔离的病房。奴隶也被接收……

将搭载援军的舰队吹得七零八落的狂风在第二次马耳他围攻战中也出现了。1943 年 7 月 9 日，一股与之相似且未被预测到的狂风对为了进攻西西里而穿越马耳他海峡的盟军舰队造成了巨大破坏。

第 29 章

本章所有的引文均来自巴尔比。他所估算的伤亡人数通常来说是合理的，但是这一次他似乎被胜利鼓舞得对数字进行了夸张处理。他给出的土耳其人在圣保罗湾的撤退中损失的人数为 3000 人，而基督徒一方损失不超过 8 人。

第 30 章

Balbi, ibid.

"金城马耳他，银城马耳他……"这首曲子是从 Hubert Pernot 的法语版本翻译而来的，而 Pernot 则翻译自一首 16 世纪的塞浦路斯歌曲。他在翻译旺多姆的诗歌 *Le Siège de Malte* 的著作（Paris，1910）中引用了这首歌曲。在同一版本的著作中还有一首有趣且罕见的诗歌，由 A. Achélis 创作。根据旺多姆关于围城战的记载，这是用现代希腊语写就的对这次战役的史诗性质的记述，足有二十章之多。

巴尔比列出了所有在围城战中丧生的骑士，而后来的历史学家如 Zabarella 等基本采用了他的名单，只是或多或少地添补或修正。韦尔托列出的基督徒阵亡人数甚至比巴尔比的还要少，但作为骑士团的史官他更执着于夸大数据。

第 31 章

根据韦尔托的记载，苏丹第二次远征马耳他的计划之所以胎死腹中是因为君士坦丁堡的大型兵工厂被拉·瓦莱特专门派去的间谍破坏。这是一个很耐人寻味的故事，但是我无法找到任何证据能证实此事。不幸的是，韦尔托很少给出他的信息来源。只有在他的权威记载中我们查证到拉·瓦莱特向腓力二世控诉堂加西亚·德·托莱多的行为。

腓力二世赐予大团长的匕首和短剑现存于法国巴黎的国家图书馆。它们是拿破仑于 1798 年攻占马耳他岛后洗劫的无数财宝之一。

在他的著作 *History of the Knights of Malta*（1883）中，惠特沃思·波特将军以先见之明写道：

> 英格兰人的勇敢之心和宝剑现在保卫着那些曾经闪耀着圣约翰骑士团徽章光芒的堡垒；如果出现了需要我们献身的情况，整个世界将会发现不列颠的鲜血如水般喷涌而出，保卫这个欧洲各国一致同意交到她手中保管的岩石小岛。在那样的一天，此次大围攻的记忆将会产生其应有的效果，而那些曾经被高贵之血浸透的堡垒，将再一次见证

与 1565 年伟大斗争相比肩的（如果无法超越）英雄主义行为。

从1940 年到1943 年，在最漫长的马耳他围攻战之中，不列颠的鲜血，确如他所说，"如水般喷涌而出，保卫这个岩石小岛"。

词汇表

双层护面头盔（Armet）：一种有可活动面罩的头盔。

蜥炮（Basilisk）：一种可以发射 48~200 磅重炮弹的大型火炮。以传说中的怪兽命名，这种怪兽的凝视和气息都可置人于死地。

棱堡（Bastion）：一种防御工事，由两个前端突出面和两个侧面组成，其所有的角都呈突出状。

布里根泰恩皮甲（Brigantine Jacket）：覆盖有互相重叠的小铁片的皮质甲衣。

实习期（Caravan）：圣约翰骑士团使用的一种术语，意指在桨帆船舰队里服役一年的义务。

无颊头盔（Casque）：任何一种头部盔甲，但通常指的是一种开放式头盔。

骑士塔（Cavalier）：要塞里的或是高于主堡垒区的一种防御工事。

外崖（Couterscarp）：面对胸墙的壕沟一侧的斜堤，或胸墙本身。

护墙（Counterwall）：面向敌军设立的一堵城墙。在围城战术语里经常是指在主防御工事后方再设立一道城墙作为第二道防御体系。

长管炮（Culverin）：原来是指一种很长的火炮，但是到了 16 世纪指所有的大型火炮。

幕墙（Curtain）：壁垒的一段，以连接两个棱堡侧面或塔楼的护墙为界。

半棱堡（Demi-bastions）：半个棱堡，只有一个正面和侧面。

紧身短上衣（Doublet）：一种紧身上衣，腰部有束带。在军事术语里通常指束身皮甲，有时会套上锁子甲。

城廓（Enceinte）：指将一块地方围起来的堡垒主线，或指被围起来的区域。

柴捆（Fascines）：捆扎在一起的枝条和柴棍，用于建设土木防御工事。

加莱赛船（Galleas）：一种大型加莱船，有三组桅杆，两边各有十五排或更多排船桨。

加莱船（Galley）：主要由划动船桨推动的船只，在 16 世纪基本指战船。

加利奥特船（Galliot）：一种由船桨和船帆共同驱动的加莱船，但是比加莱赛船小。

无面甲头盔（Morion）：一种开放式的没有面甲的头盔，通常为军士所戴。

外部防御工事（Outwork）：一种建设在城廓外部的防御工事，建在护城壕沟的上方或内部。

帕夏（Pasha）：奥斯曼帝国称呼一名将军、舰队司令或总督的头衔。这一头衔被分为三等级，分别由一条、两条或三条马尾表示——三条马尾表示最高等级。

吊门（Portcullis）：由下端削成尖角的木条或铁棒制成的格栅或构架，可以沿沟槽滑落至要塞大门旁的壕沟中。

斜坡（Ramp）：在要塞内部堆起的升至胸墙高度的缓坡。

三角堡（Ravelin）：一种与主防御工事分离的防御工事，

两个正面会合于前方突出部，后方开放。经常建于幕墙前方以保护幕墙和相邻堡垒的肩墙。

　　轻盔（Salade）：一种开放式头盔，不为面部提供任何保护。

图书在版编目（CIP）数据

　　大围攻：马耳他：1565 ／（英）厄恩利·布拉德福
德（Ernle Bradford）著；谭琦译. ‒‒北京：社会科
学文献出版社，2019.8
　　书名原文：The Great Siege：Malta 1565
　　ISBN 978 ‒ 7 ‒ 5201 ‒ 4542 ‒ 8

　　Ⅰ.①大… 　Ⅱ.①厄… ②谭… 　Ⅲ.①欧洲 ‒ 历史 ‒
1565 　Ⅳ.①K503

　　中国版本图书馆 CIP 数据核字（2019）第 048487 号

大围攻：马耳他 1565

著　　　者／〔英〕厄恩利·布拉德福德（Ernle Bradford）
译　　　者／谭　琦

出 版 人／谢寿光
责任编辑／刘　娟　钱家音

出　　　版／社会科学文献出版社·甲骨文工作室（分社）（010）59366527
　　　　　　地址：北京市北三环中路甲29号院华龙大厦　邮编：100029
　　　　　　网址：www. ssap. com. cn
发　　　行／市场营销中心（010）59367081　59367083
印　　　装／三河市东方印刷有限公司

规　　　格／开　本：889mm×1194mm　1/32
　　　　　　印　张：8.75　插　页：0.625　字　数：193 千字
版　　　次／2019 年 8 月第 1 版　2019 年 8 月第 1 次印刷
书　　　号／ISBN 978 ‒ 7 ‒ 5201 ‒ 4542 ‒ 8
著作权合同
登 记 号／图字 01 ‒ 2017 ‒ 0995 号
定　　　价／59.00 元

本书如有印装质量问题，请与读者服务中心（010 ‒ 59367028）联系

▲ 版权所有 翻印必究

.